V&R

EDITION **Leid**faden
Hrsg. von Monika Müller

Die Buchreihe *Edition Leidfaden* ist Teil des Programmschwerpunkts »Trauerbegleitung« bei Vandenhoeck & Ruprecht, in dessen Zentrum seit 2012 die Zeitschrift »Leidfaden – Fachmagazin für Krisen, Leid, Trauer« steht. Die Edition bietet Grundlagen zu wichtigen Einzelthemen und Fragestellungen im (semi-)professionellen Umgang mit Trauernden.

Marion Schenk

Suizid, Suizidalität und Trauer

Gewaltsamer Tod und Nachsterbewunsch in der Begleitung

Vandenhoeck & Ruprecht

Mit 10 Abbildungen

Bibliografische Information der Deutschen Nationalbibliothek
Die Deutsche Nationalbibliothek verzeichnet diese Publikation in der
Deutschen Nationalbibliografie; detaillierte bibliografische Daten sind
im Internet über http://dnb.d-nb.de abrufbar.

ISBN 978-3-525-40238-2

Weitere Ausgaben und Online-Angebote sind erhältlich unter: www.v-r.de

Umschlagabbildung: Hannchen86/photocase.de

© 2014, Vandenhoeck & Ruprecht GmbH & Co. KG, Göttingen/
Vandenhoeck & Ruprecht LLC, Bristol, CT, U.S.A.
www.v-r.de
Alle Rechte vorbehalten. Das Werk und seine Teile sind urheberrechtlich
geschützt. Jede Verwertung in anderen als den gesetzlich zugelassenen Fällen
bedarf der vorherigen schriftlichen Einwilligung des Verlages.
Printed in Germany.

Satz: SchwabScantechnik, Göttingen
Umschlag: SchwabScantechnik, Göttingen
Druck und Bindung: ⊕ Hubert & Co., Göttingen

Gedruckt auf alterungsbeständigem Papier.

Inhalt

Einführung 7

Zahlen – Fakten – Zusammenhänge 9
Statistische Betrachtungen 12
Risikofaktoren, die suizidale Entwicklungen begünstigen ... 14
Risikofaktoren, die suizidale Entwicklungen auslösen 34
Komplexität der Risikofaktoren 41
Suizidaler Verlauf 43
Trauer nach Suizid 47

Suizid und Trauer konkret 57
Fallbeispiele Suizid 59
Fallbeispiele Trauer nach Suizid 80

Begleitung und Beratung nach Suizid 87
Integrative Trauerbegleitung 92
Trauerbegleitung nach Suizid 94
Trauerbegleitung bei Suizidalität 121
Begleitung von Kindern und Jugendlichen 124
Trauerbegleiter und Berater 129

Literatur 131
Abbildungsnachweis 132

Einführung

Wenn man als Begleiter plötzlich und unvorbereitet zum ersten Mal mit dem Thema Suizidalität konfrontiert wird, ist es nicht untypisch, dass sich Unsicherheit einstellt, wie man am besten reagieren soll. Soll man reden oder schweigen? Und man fragt sich: »Wie kann ich Betroffene ansprechen und ihnen Halt geben, sie sinnvoll begleiten und in ihrer Trauer unterstützen?«

War man bisher noch nie einer derartigen Situation ausgesetzt, kann es schwerfallen, überhaupt Akzeptanz für Suizidgedanken oder eine verübte Selbsttötung aufzubringen. Verständnis und Mitgefühl zu zeigen, ist schwierig, wenn die Handlung der durch Suizid Verstorbenen oder die Gedanken der Hinterbliebenen nicht nachvollzogen werden können. Ist man informiert und hat Zusammenhänge erkannt, gibt das die Sicherheit, die die Begleitung Suizidtrauernder erfordert.

Neben Sexualität oder Alkohol sind Tod, Trauer und Suizid immer noch Themen, die mit einem Tabu behaftet sind. Der zunehmenden Medienpräsenz ist es zu verdanken, dass neben Tod und Trauer auch Suizidalität als möglicher menschlicher Impuls gesehen wird. So kann man beobachten, dass das Literaturangebot dazu seit ein paar Jahren stetig zunimmt.

War man als Trauerbegleiter oder Berater, Bestatter oder Seelsorger, Mitglied einer Hospizgruppe, als Leiter einer Selbsthilfegruppe oder als Ausbildungsreferent auf der Suche nach einem speziellen Angebot zu grundlegenden Informationen, zum Erkennen von Zusammenhängen, mit Beispielen aus der Praxis und gleichzeitig zur Unterstützung in der Trauer nach Suizid, fiel die Entscheidung für eine Publikation schwer. Mit diesem Band möchte ich diese Lücke schließen. *Suizid, Suizidalität und Trauer* soll Einstiegsbuch in das Thema Suizid und Suizidalität sowie Arbeitsbuch in der Trauer nach einem Suizid sein. Da durch das Betrachten möglicher Risikofaktoren die Gefahr suizidaler Entwicklungen (in der Trauer) erkannt und ihr entgegengewirkt werden kann, hat das Buch auch einen präventiven Charakter und ist deshalb nicht nur für die Begleitung Trauernder interessant.

Fallbeispiele zeigen die persönliche Betroffenheit und Trauerreaktionen nach einer Selbsttötung sowie mögliche Faktoren, die suizidale Entwicklungen begünstigt oder ausgelöst haben können. Auch der Umgang mit Suizidalität beziehungsweise dem sogenannten Nachsterbewunsch in der Trauer findet Beachtung.

Beim Schreiben konnte ich Erfahrungen aufgrund eigener Betroffenheit nach einem Suizidversuch und einem Suizid naher Menschen sowie durch Gruppen- und Einzelarbeit mit Hinterbliebenen nach Suizid und als Dozentin in Seminaren zu Trauer und Suizidalität einfließen lassen.

Mithilfe der eingesetzten Praxismethoden habe ich einen integrativen Ansatz in der Begleitung und Beratung Suizidtrauernder entwickelt, den ich hier vorstelle. Die Interventionen sind spezielle Unterstützungsmöglichkeiten, die aber nicht nur der Trauerarbeit nach Suizid eine besondere Qualität geben.

Zur besseren Lesbarkeit des Textes verzichte ich auf die Nennung beider Geschlechtsformen, meine dabei aber immer Frauen und Männer.

Zahlen – Fakten – Zusammenhänge

Der Entschluss eines Menschen, durch Selbsttötung zu sterben, ist für Außenstehende und Hinterbliebene in der Regel schwer nachvollziehbar. Für zurückbleibende nahe Angehörige ist es besonders schwierig, das Geschehene zu akzeptieren, wird der Tod doch nicht unmittelbar durch äußere Einflüsse wie Unfall oder Naturkatastrophe, durch sichtbare Veränderungen wie körperliche Erkrankung oder Alterungsprozesse ausgelöst, sondern durch den Menschen selbst herbeigeführt.

Die aktuell wohl umfassendste Definition zu *Suizidalität* liefern Wolfersdorf und Etzersdorfer (2011). Sie sehen Suizidalität als die Summe aller Denk-, Erlebens- und Verhaltensweisen eines Menschen, die den eigenen Tod anstreben beziehungsweise in Kauf nehmen. Suizidales Denken und Handeln gibt es, seit es Menschen gibt, wobei suizidale Handlungen in einen *Suizidversuch* oder in einen vollendeten *Suizid* münden können. Suizidalität ist ein zu tiefst menschliches Geschehen und Erleben, das in seiner Komplexität nie vollständig verstehbar sein wird, das grundsätzlich aber allen Menschen möglich ist. Suizidalität ist meist kein Ausdruck von Freiheit und Wahlmöglichkeit, sondern einer Einengung durch objektive und/oder subjektiv erlebte Not, durch das psychische und/oder körperliche Befinden beziehungsweise dessen Folgen sowie durch gesellschaftlich-kulturelle und ideologische Rahmenbedingungen (Wolfersdorf u. Etzersdorfer, 2011).

Es bestehen in jeder gesellschaftlichen Epoche und Kultur Unterschiede in der Einstellung dem Suizid gegenüber. So wurde und wird teilweise heute noch Selbsttötung als Pflicht, als größte menschliche Freiheit, als Ehre, als Todsünde oder nur als ein Problem von psychisch Kranken gesehen. In der Geschichte des Menschen wird, wenn auch selten, sogar von Massensuiziden berichtet, wie beispielsweise 73 n. Chr. in Palästina, als über 900 Belagerte angesichts ihrer aussichtslosen Lage beschlossen hätten, lieber zu sterben, als den Römern in die Hände zu fallen.

Der Suizid nimmt auch in vielen Weltreligionen eine besondere Stellung ein. So sehen buddhistische und shintoistische Lehren in ihm einen Akt des Menschseins. Auch das Christentum sah die Selbsttötung zunächst als ein achtbares Verhalten an. Im 4. Jahrhundert erklärte Augustinus den Suizid als Sünde gegen Gottes Gebote. Im 13. Jahrhundert wurde aus dem Suizid schließlich eine Todsünde durch ein Dekret von Thomas von Aquin, der darin einen Eingriff in das lebensschaffende Wirken Gottes sah.

Bei Selbsttötungen sind zwei Gruppen zu unterscheiden: Es gibt Menschen, die am Lebensende stehen und sich todkrank entscheiden, würdevoll sterben zu wollen. Das Thema Sterbehilfe flammt dabei auch in Deutschland immer wieder auf. Es wird diskutiert, ob es ein Grundrecht auf ein selbstbestimmtes Lebensende gibt oder ob es zum Leben dazugehört, auch das Ende so zu akzeptieren, wie es kommt. Die Legalisierung gewerblicher Sterbehilfe wird dabei einerseits als eine Lösung für diesen Wunsch gesehen, was andererseits aber auch zu weiteren, schwerwiegenden Problemen führen kann. Menschen, die in absehbarer Zeit qualvoll sterben werden und sich entscheiden, ihrem Leben vorzeitig ein Ende zu setzen, sind nicht Thema dieses Bandes.

Hier soll es um die Menschen gehen, die aufgrund bestimmter Entwicklungen und Veränderungen in ihrem Leben, auch ohne unheilbar krank zu sein, der Überzeugung verfallen, so nicht mehr leben zu können. Mitunter sind auch dies alte Menschen, die ihr Umfeld nicht belasten wollen oder glauben, Hilfe nicht annehmen zu können. Aber unabhängig davon, ob es um Junge oder Alte geht, immer geht es um Personen, die sich für den Tod entscheiden, obwohl durch die Abwendung bestimmter Umstände, beispielsweise durch Medikamente, eine Therapie oder Gespräche und Zuwendung, die Möglichkeit gegeben wäre, dass ihr Leben – wieder oder noch einmal – lebenswert werden könnte.

Aufgrund der unterschiedlichen Beurteilung suizidalen Handelns werden verschiedene Begriffe verwendet. »Suizid« ist abgeleitet von dem lateinischem *sui caedere* (sich töten). Neben dem Begriff »Selbsttötung« findet sich auch das Wort »Freitod« – ein Ausdruck, der auf Nietzsche zurückgeht und der impliziert, selbstbestimmt, freiwillig und edel zu sterben, sozusagen als Held. Eine andere Bezeichnung für einen vollendeten Suizid ist »Selbstmord«. Der Begriff, bei dem die Tat als Mord gewertet wird, stammt vermutlich aus dem 16. Jahrhundert und geht auf eine Ausdrucksweise Martin Luthers zurück. In Fachkreisen hat sich durchgesetzt, nur von »Suizid« und »Selbsttötung« zu sprechen, weil weder die Bezeichnung »Freitod« noch der Begriff »Selbstmord« der Situation der betroffenen Menschen gerecht werden.

In Deutschland wird strafrechtlich verfolgt, wer einen anderen Menschen tötet. Dagegen sind Selbsttötungen oder der Versuch, sein Leben zu beenden, hierzulande nicht strafbar. Auch ist es nicht strafbar, jemandem bei einem Suizid beizustehen. Andere – auch auf Verlangen – zu töten, steht hingegen unter Strafe.

Strittig ist, inwieweit risikoreiches Verhalten bestimmter Personen, wie Extremsportler, Substanzabhängige oder wiederkehrende Selbstverletzungen, wie beispielsweise beim Borderline-Syndrom, als suizidale Tendenz angesehen werden kann.

Ein Suizid trifft die Hinterbliebenen ähnlich schwer wie der Tod durch einen Unfall, Herzinfarkt oder Schlaganfall. Auch hier konnten Betroffene sich nicht darauf vorbereiten oder sich zu Lebzeiten vom Verstorbenen verabschieden. Suizidtrauernde erleben die Selbsttötung als Grenzerfahrung. Sie müssen sich nicht nur von einem Tag auf den anderen darauf einstellen, dass der Angehörige plötzlich fehlt und eine Lücke hinterlässt, ihr Leben und das weiterer Hinterbliebener hat sich auch schlagartig verändert. Die Veränderungen können Bedürfnisse, Alltag, finanzielle Situation, Existenz, Wohnsituation, Gedanken, Gefühlswelt, Verhalten und körperliche Befindlichkeit sowie das Umfeld des

Trauernden betreffen, da der Tod vom Angehörigen selbst herbeigeführt wurde. Auch die Trauer nach einer Selbsttötung ist die natürliche Reaktion auf den plötzlichen Verlust eines Menschen. Aufgrund der situationsbedingten Umstände und der Art und Weise des Todes unterscheidet sich die Verlusterfahrung Hinterbliebener aber von der bei anderen Todesarten. Das hat Einfluss auf den Trauerprozess und damit auf die Begleitung.

Statistische Betrachtungen

Die letztendlich zum Tod führende suizidale Handlung ist bei einem erheblichen Anteil der Betroffenen auf eine akute Belastungssituation zurückzuführen, auf die mit einer Kurzschlusshandlung reagiert wird. Der geplante »nüchterne« Suizid (Bilanzsuizid) ist vergleichsweise selten (Lieb, Frauenknecht u. Brunnhuber, 2008).

Nach Angaben der WHO sterben jährlich ca. 1 Million Menschen weltweit durch Suizid und von jedem Suizid sind vier bis sechs Personen aus der näheren Umgebung des Suizidenten sowie deren Lebensführung betroffen. In Deutschland finden jährlich ca. 10.000 Menschen durch Selbsttötung den Tod.

Von Suiziden sind drei- bis viermal mehr Männer als Frauen betroffen. Männer wählen häufig *harte* (sichere) Methoden wie Erhängen, Erschießen, Ertränken. Bei Suizidversuchen finden sich dreimal mehr Frauen als Männer, die sich eher für sogenannte *weiche* Methoden wie Medikamenten- oder Gasvergiftung entscheiden. Entsprechend werden in Deutschland jährlich weit über 100.000 Suizidversuche unternommen, das heißt, etwa alle fünf Minuten versucht ein Mensch sich das Leben zu nehmen.

Suizide werden ab der Pubertät verübt. Bei den 10- bis 24-Jährigen stellt Suizid die zweithäufigste Todesursache nach Unfällen dar. Das Risiko der Selbsttötung steigt nach dem 60. Lebensjahr und das eines Suizidversuchs sinkt (Lieb et al., 2008).

Als Methoden zur Selbsttötung wurden 2007 in absteigender Reihenfolge Erhängen, Vergiften, Erschießen, Sturz in die Tiefe, sich vor ein bewegendes Objekt werfen und scharfe Gegenstände gewählt. Weitere Mittel, um aus dem Leben zu scheiden, sind Insulin oder Dämpfe aus Mischungen handelsüblicher Haushaltsreiniger. Internetshops bieten Bausätze an, mit denen man zum Beispiel durch Abbrennen von Holzkohle in einem abgedichteten Raum eine tödliche Kohlenmonoxidvergiftung herbeiführen kann.

In der Suizidrate, die sich auf 100.000 Menschen der Bevölkerung bezieht, gibt es große nationale Unterschiede, denen teilweise kulturelle Besonderheiten zugrunde liegen. Laut WHO sind in den letzten zehn Jahren (Stand 2013) die Suizidraten weltweit um 60 Prozent gestiegen. In Deutschland sank die Suizidrate von 14.011 Fällen im Jahr 1991 auf 9.402 Fälle pro 100.000 Einwohner 2007. Seit 2008 ist die Zahl wieder angestiegen (Wolfersdorf, 2013).

Die meisten Selbsttötungen werden zu Hause oder in der Nähe des Wohnortes verübt. Menschen nehmen sich aber auch in der Öffentlichkeit (Arbeitsplatz, Natur, Verkehrswege, öffentliche Gebäude) das Leben. In bestimmten Fällen kann davon ausgegangen werden, dass beim geplanten Suizid die Zeit, der Ort, die Sichtbarkeit und die gewählte Methode in Verbindung mit den möglichen Motiven stehen. Des Weiteren wird in Deutschland beobachtet, dass Suizide in der Stadt häufiger sind als auf dem Land. Nicht nur in Deutschland, sondern weltweit liegt das Maximum der Selbsttötungen im späten Frühjahr.

Häufig werden suizidale Handlungen an unerträglich empfundenen Tagen der Veränderung verübt, beispielsweise am Tag vor der Überstellung in die Justizvollzugsanstalt, nach der Rehabilitation, vor der Entlassung aus dem Krankenhaus in die einsame Wohnung, vor der wiederholten Einweisung in die Entzugsklinik oder vor dem ersten Gang zur Agentur für Arbeit.

Es gibt bestimmte Risikofaktoren, die zu erhöhter Suizidalität führen, beziehungsweise Personengruppen, die häufiger von Selbsttötungen betroffen sind. Ein wichtiger Risikofaktor für Suizidalität ist die Entwicklung von psychischen Störungen. Bei ca. 90 Prozent der Menschen, die sich selbst getötet haben, wurde irgendwann im Leben eine psychische Störung diagnostiziert (Lieb et al., 2008).

Risikofaktoren, die suizidale Entwicklungen begünstigen

Durch das Betrachten möglicher Risikofaktoren für suizidale Krisen können Entwicklungen und Zusammenhänge erkannt, mögliche Gefahren in der Trauer eingegrenzt oder abgewendet und Hinterbliebene von empfundener Verantwortlichkeit entlastet werden.

Gene – Gehirn – Gesellschaft

Es werden evolutionspsychologische, genetische und soziokulturelle Risikofaktoren für Suizidalität diskutiert. So zeigen statistische Auswertungen, dass Männer ein höheres suizidales Risiko haben. Evolutionsbiologisch kann dies aufgrund der unterschiedlichen Rollenverteilung erklärt werden. So waren Reden und Sichaustauschen beim Jagen eher hinderlich, wobei Frauen bei der Kindererziehung kommunizieren mussten. Auch verhaltensbiologische Aspekte spielen eine Rolle, weil auch Erziehung und Sozialisation einen Einfluss auf die unterschiedliche Entwicklung der Geschlechter haben und auch darauf, wie Männer und Frauen empfinden und handeln. *Gene* und Hormone steuern die geschlechtstypische Entwicklung des Gehirns und lenken auch das Verhalten direkt und indirekt.

Der Mensch war im Laufe der Evolution immer wieder unterschiedlichen Bedingungen unterworfen, an die er sich anpassen musste und die ihn, seine Gene und die Entwicklung seines Gehirns prägten. Menschen konnten überleben, weil sie ihr Verhalten weiterentwickelten. Dadurch veränderten sich zum Beispiel hirnorganische Strukturen.

Faktoren, die unter bestimmten Bedingungen zu suizidalen Entwicklungen führen können, sind unter anderem in der Funktionsweise des *Gehirns* zu suchen, das als zentrales Organ Persönlichkeit, Psyche und alle Vorgänge im Körper steuert. Das Gehirn umfasst drei grundlegende Bereiche: Stammhirn (auch »Reptiliengehirn«

genannt, da es das vegetative Nervensystem mit Sympathikus und Parasympathikus und damit willkürliche Vorgänge wie die Atmung reguliert und für das Überleben und die Selbsterhaltung zuständig ist), Kleinhirn (das in engem Zusammenhang mit dem Limbischen System steht, welches die Sinneswahrnehmungen und Emotionen steuert und Warnzentrale bei Gefahren ist) sowie Großhirn (das Denken, Planen, Entscheiden und zielgerichtetes Handeln ermöglicht). Letzteres braucht ca. 25 Jahre, bis es voll ausgereift ist. Die unterschiedlichen Funktionen sind über zwei Gehirnhälften (Hemisphären) verteilt, die mit einem Balken (Corpus callosum) verbunden sind, so dass beide Teile zusammenarbeiten können. Emotionale und kognitive Prozesse im Gehirn können durch viele verschiedene Ursachen gestört werden. Genetische Defekte in der DNS des Menschen können ein Grund für Störungen sein.

Systemiker gehen davon aus, dass aufgrund der Einzigartigkeit des Gehirns bei jedem Menschen die Außenwelt, andere Menschen und ihr Verhalten eingeschlossen, objektiv nicht erkennbar ist, sondern dass sich jeder aufgrund der eigenen Erfahrungen ein sogenanntes »Konstrukt« der Welt, seine persönliche, subjektive Wirklichkeit, erschafft. Zwar empfängt jeder Mensch mit seinen Sinnen die gleichen Informationen aus der Umwelt, aber jeder nimmt sie aufgrund der Andersartigkeit seiner Wahrnehmungsorgane unterschiedlich auf und speichert sie entsprechend seinen Vorerfahrungen individuell ab.

Jedes Ereignis wird als Erfahrung mit allen wahrgenommenen Sinneseindrücken und Emotionen abgelegt. Eine Erinnerung besteht aus verinnerlichten Bildern (visuell), Geräuschen (auditiv), Gerüchen (olfaktorisch), Geschmackskomponenten (gustatorisch) sowie körperlichen (kinästhetisch) und psychischen (emotional) Empfindungen, anhand dessen der Mensch sich das einmal Erlebte ein Leben lang real vorstellen kann. Oft werden eigene Wahrnehmungen und Erfahrungen als objektive, allgemeingültige Eindrücke gewertet.

Trifft im Gehirn ein neuer Reiz (Trigger) ein, der einer bereits abgespeicherten Erinnerung ähnelt, werden bestimmte Details getilgt und verallgemeinert, um das aktuelle Ereignis mit einer bereits bestehenden Erfahrung verknüpfen zu können. So bildet jeder Mensch individuelle Automatismen (Denk-, Empfindungs- und Verhaltensmuster), wie sie sich zum Beispiel beim Laufen, Fahrrad- oder Autofahren niederschlagen. Der Mensch besitzt nicht nur für angenehme Abläufe Muster, er hat auch Erinnerungsmuster, die als unangenehme Erfahrung abgespeichert sind.

Angenehme und unangenehme Erfahrungen beeinflussen unbewusst die Reaktionen des Menschen im Verlauf seines gesamten Lebens. Das Gehirn unterstützt die Abläufe, die bisher zu angenehmen Empfindungen geführt haben, und es versucht die Vorgänge zu verhindern, die aufgrund entsprechender Vorerfahrungen zu unangenehmen Gefühlen führen würden. Denn diese Emotionen signalisieren, dass die Bedürfnisbefriedigung in Gefahr ist.

Eine belastende Erfahrung – beispielsweise ein Verlust – kann zu einem späteren Zeitpunkt im Leben durch einen entsprechenden Trigger, einen äußeren Reiz wie beispielsweise einen erneuten Todesfall, alte, unverarbeitete, extrem stressende Emotionen wieder auslösen. Ein Trigger kann eine Situation mit komplexen Wahrnehmungen, aber auch ein einzelner Reiz sein. Der Geruchssinn, da er mindestens eine Billion Düfte voneinander unterscheiden kann und damit weit mehr Reize wahrnimmt als Auge und Ohren zusammen, spielt als Trigger bei der Auslösung von Erfahrungen und Emotionen eine besondere Rolle. Unter bestimmten Bedingungen – beispielsweise aufgrund der Intensität oder Häufigkeit der Konfrontation mit entsprechenden Triggern – kann es zu psychischer Überforderung und, um diese abzuwenden, auch zu suizidalen Entwicklungen kommen.

Der hirntypische Prozess des Verknüpfens neuer mit alten Erfahrungen regt den Menschen an, bei Problemen, die Veränderungen im Leben mit sich bringen können, nach Lösungen zu suchen, um das zu finden, was das Gefühl von Unsicherheit wieder in Sicherheit (Bedürfnis) verwandelt im Sinne von »Ich habe alles im Griff«.

Die vom Gehirn gesteuerten Prozesse Denken und Fühlen sind eng miteinander verknüpft. So wird es möglich, Entscheidungen zu treffen und zu handeln. Führen Denkprozesse nicht zum Erfolg, setzt Grübeln ein, das aufgrund der fortschreitenden neuronalen Verknüpfungen im Gehirn eine Art »Hefeeffekt« hat: Je mehr Gedanken »geknetet« werden, umso mehr gehen sie wie ein Hefeteig auf. Der Mensch ist in einem Gedankenkonstrukt gefangen. In der Trauer nach Suizid kann Grübeln, beispielsweise zum Thema »Schuld«, so zu pathologischen Entwicklungen führen. Führt Grübeln nicht zum Erfolg, stellen sich Selbstzweifel und Selbstkritik ein, zum Beispiel mit der Bewertung »Ich Versager!«, was Auswirkungen auf Selbstwert, Emotionen und die psychische Befindlichkeit hat.

Der enge Zusammenhang zwischen Gedanken und Emotionen, die wie zwei Zahnräder ineinandergreifen und sich gegenseitig bedingen, spielt bei suizidalen Krisen und in der Trauer eine wichtige Rolle, da diese Abläufe unbewusst stattfinden und deshalb schwer beeinflussbar sind, wenn man sich nicht bewusst mit ihnen auseinandersetzt.

Menschen sind in der Lage, zu fühlen, was andere fühlen, und sie können sich intuitiv eine Vorstellung davon machen, was andere in etwa denken. Die Psyche des Kindes entwickelt sich unter anderem deshalb auch aufgrund der Reaktionen der Eltern in belastenden Situationen. Spiegelneuronen (Spiegelnervenzellen) im Gehirn sorgen dafür, Absichten von Personen und deren Handlungen zu erkennen. Sind die »Empathie-Netzwerke« im Gehirn gestört, können sie suizidale Entwicklungen begünstigen.

Hinter suizidalen Krisen können sich auch ungünstige Bedingungen in der Art und Weise der Befriedigung von Bedürfnissen, Wünschen, Zielen und Sehnsüchten oder starre Überzeugungen, unangemessene moralische Vorstellungen, unflexible Anpassungsmöglichkeiten an gesellschaftliche Gegebenheiten und fehlende Handlungsmöglichkeiten in Konflikten verbergen. So kann es zu einem Suizid kommen aufgrund von Ängsten, dass eigene Vorstellungen, innere Strebungen oder Werte nicht mehr erfüllt würden, dass die eigene Ehre oder die der betroffenen Familie beschmutzt werden könnte, oder aufgrund der Überzeugung, dass ein grausames Ende, beispielsweise bei einer Krebserkrankung, nicht mit dem eigenen Stolz vereinbar sei.

Wechselnde gesellschaftliche Verhältnisse brachten immer wieder neue Moral- und Wertevorstellungen und sie führten auch zu unterschiedlichen Erziehungsstilen. Manche sehen dabei die eigene Bedürfnisbefriedigung, das Nachgehen eigener Interessen oder Sehnsüchte als Egoismus und als verwerflich an, so dass dies abgelehnt oder sanktioniert wird. Die entstehenden Defizite können langfristig schaden.

Da die meisten Prozesse im Gehirn unbewusst ablaufen, ist das Regulieren, Anpassen und Verändern von Vorstellungen und inneren Impulsen nicht einfach. Das Ineinandergreifen von Gedanken, Emotionen und Handlungen zur Abwendung gefürchteter Konsequenzen kann zu ausweglosen Situationen führen. Schon vor tausenden von Jahren konnten Vergehen, die der Gemeinschaft geschadet haben, eine Tötung oder Selbsttötung zur Folge haben.

Hirnorganische Abläufe spielen im Rahmen von Suizidalität eine besondere Rolle, da sie die Psyche des Menschen verändern können. Die Psyche ermöglicht subjektives Wahrnehmen, Denken, Bewerten, Fühlen, Erinnern, Träumen und Phantasieren. Zu den psychischen Funktionen gehört auch die Fähigkeit des Reagierens wie Entscheiden, Handeln, Planen und so weiter. Bei suizidalen Entwicklungen sind diese Vorgänge beeinträchtigt.

Grundlegende physische und psychische Besonderheiten eines Menschen werden durch Vorfahren weitergegeben. Urerfahrungen, wie Angst in Gefahrensituationen, sind in den Genen des Menschen verankert. Ängste haben im Verlauf der Evolution dazu beigetragen, dass der Mensch überleben konnte. Angst kann ihn aber bei bestimmten Entwicklungen auch in einen Suizid treiben.

Gefahr löst seit Millionen von Jahren Emotionen aus, die wiederum zu körperlichen Reaktionen führen, wie zum Beispiel der Erhöhung von Herz- und Atemfrequenz. Auch Blutzirkulation und Körpertemperatur in bestimmten Körperregionen werden durch Angst verändert. Man bekommt kalte Hände und schwitzt (Angstschweiß). So kann es heute passieren, dass in bestimmten Situationen das Gefühl entsteht, in großer Gefahr zu sein, obwohl »nur« eine Trennung, ein Verlust oder ein Gespräch den Menschen zum Weinen, Schwitzen, Zittern oder Frieren bringen.

Angst ist neben Wut oder Trauer eine Basisemotion, die in jedem Menschen unbewusst blitzschnell entstehen kann. Grundgefühle werden von Sinneswahrnehmungen und Gedanken (Bewertungen) ausgelöst, beeinflusst, verstärkt oder abgeschwächt. Andere Emotionen, die bei Suizidalität oder in der Trauer eine Rolle spielen, sind Scham und Schuld. Diese sind eng an kognitive Prozesse gekoppelt. Gedanken der Scham betreffen das, was mit uns nicht zu stimmen scheint, im Sinne von »Was habe ich bloß getan?« oder »Ich habe versagt!«. Bei Gedanken der Schuld beschäftigt sich der Mensch damit, was er glaubt, falsch gemacht zu haben: »Ich habe ... versäumt!« oder »Ich hätte ... nicht tun dürfen!«

Alle physischen und psychischen Abläufe im Menschen sind äußeren Bedingungen unterworfen, die Einfluss auf innere Prozesse nehmen. Vorfahren geben ihre Erfahrungen an die Nachkommen weiter. So haben beispielsweise Kriegserfahrungen mit Hunger, Folter, Tod und Angst die nächste Generation beeinflusst. Auch Nachkriegszeiten brachten spezifische Bedingungen (Aufbauen, Werte schaffen usw.) mit sich, die weitergegeben wurden. Jede *Gesellschaft* hat Einfluss auf Werte, Moralvorstellungen, Normen oder Regeln, auf die Befriedigung von Bedürfnissen und damit auch auf das Verhalten.

Aktuell haben familiäre, gesellschaftliche und wirtschaftliche Entwicklungen beispielsweise zu Tendenzen wie Perfektionismus (noch besser, noch schneller, noch ordentlicher, noch fehlerfreier) oder Präsentismus (immer anwesend, immer online sein) geführt. Auch diese Versuche können zu einer suizidalen Gefahr werden, da es dadurch immer schwieriger wird, das zu akzeptieren beziehungsweise auszuhalten, was den eigenen Vorstellungen widerspricht wie Krankheiten, Konflikte oder Lebenskrisen. Alkohol-, Medikamenten- oder Drogenmissbrauch können Folgen sein.

Technologische Entwicklungen verändern nicht nur den beruflichen Alltag, sondern auch das Freizeitverhalten. So wie jede Entwicklung haben auch moderne Kommunikationsmittel wie SMS, E-Mail, soziale Netzwerke oder Internetforen nicht nur Vorteile. Die dadurch bedingte Zunahme von Cybermobbing, Stalking oder Imageschädigung in sozialen Netzwerken kann das suizidale Risiko erhöhen. Die Internetnutzung kann zum Rückgang persönlicher Kontakte führen, wodurch die Fähigkeiten in der Deutung verbaler und nonverbaler Aspekte weniger geschult werden. Das kann Konflikte begünstigen. Eine Online-Studie von ARD und ZDF (www.ard-zdf-onlinestudie.de) zu den Nutzungsmotiven des Internets zeigt den Trend, dass immer mehr Menschen, das Internet nutzen, um sich zu entspannen oder weil sie einsam sind.

Entwicklungen in Gesellschaft, Familie, Beruf oder Freizeit können zu einem Suizidrisiko für den Einzelnen werden, wenn diese auf bereits bestehende Risikofaktoren treffen, wie beispielsweise fehlende Bewältigungsstrategien für Veränderungen.

Kindheit – Jugend – Erwachsenenalter

Auch entwicklungsneurobiologische, entwicklungspsychologische und soziale Faktoren, denen der Mensch bei seiner Entstehung und während des Heranwachsens unterworfen ist, können im Laufe seines Lebens suizidale Entwicklungen begünstigen. Neurobiologische Forschungen zeigen, dass die Grundlagen für spätere Empfindungs- und Verhaltensmuster bereits in den ersten neun Monaten im *Mutterleib* gelegt werden. Besonders die Entwicklung des Stresssystems kann schon früh gestört werden. Die inneren Abläufe *Wahrnehmen* → *Bewerten* → *Fühlen* → *Empfinden* → *Reagieren* entwickeln sich bereits beim Fötus und beispielsweise auf Schmerzen reagiert er schon im Mutterleib mit der Bildung von Stresshormonen.

Die physische, aber vor allem psychische Entfaltung des ungeborenen Kindes kann dadurch beeinflusst werden, in welcher Situation die Eltern leben, ob sie um ihre Existenz und die ihres Kindes bangen müssen und ob das Kind in ihre Lebensplanung passt. Auch die emotionale Beziehung von Mann und Frau zueinander und zu ihrem Kind prägen die ersten Erfahrungen des Fötus. Das Blutsystem des Ungeborenen ist eng mit dem der Mutter verbunden.

Emotionale Belastungen der Mutter haben auch Einfluss auf das ungeborene Kind, indem Stresshormone der Mutter in den Blutkreislauf des Fötus transportiert werden. Nach der Geburt können weitere Entwicklungen und Ereignisse eintreten, die zu einem späteren Zeitpunkt eine suizidale Krise begünstigen.

Das *Kind* unterliegt Umständen und Erfahrungen, die seine körperliche und psychische Entwicklung beeinflussen. Ungünstige Bedingungen können einzelne Situationen oder länger andauernde nachteilige Erfahrungen sein: nicht sichere Wohnsituation; Trennung von der Mutter, zum Beispiel durch Aufenthalt im Brutkasten oder durch Krankheit von Mutter oder Kind; eingeschränkte Möglichkeiten der Eltern, sich dem Kind ausreichend zu zuwenden, beispielsweise aufgrund psychischer Überlastung oder Erkrankungen; unlösbare Meinungsverschiedenheiten der Eltern, zum Beispiel in der Erziehung, oder unangemessene, die gesunde Entwicklung des Kindes beeinträchtigende Erziehungsmaßnahmen; Trennung und Scheidung; aber auch die Geschwisterkonstellation beziehungsweise fehlende Geschwister. Diese und andere Faktoren können beim Kind zu Stressreaktionen führen, deren langfristige Folgen Verlustangst, Misstrauen oder Bindungs- bzw. Beziehungsstörungen sein können.

Besonders ungünstig wirken sich die Verhältnisse aus, die das Kind als lebensbedrohlich wahrnimmt. Da es die belastenden Bedingungen nicht abwenden oder verändern kann, führt das in Stresssituationen zu Hilflosigkeit und Verzweiflung. Extrem stressende Gefühlszustände bleiben im noch nicht voll ausgereiften Gehirn des Kindes teilweise unverarbeitet, so dass auch die weitere Entwicklung und die Lernerfahrungen dadurch beeinflusst werden.

Die Möglichkeit, wie auf plötzliche, unvorhersehbare Veränderungen im späteren Leben reagiert werden kann, hängt unter anderem von erworbenen Fähigkeiten, bisherigen Erfahrungen – zum Beispiel von nicht verarbeiteten, belastenden Stresssituationen mit empfundener Hilflosigkeit – sowie der Art und Weise der Herausbildung bestimmter Persönlichkeitsanteile ab. Bei späteren suizidalen Entwicklungen liegt immer eine außerordentliche Abweichung von dem Maß vor, das, bezogen auf die erworbenen Reaktionsmöglichkeiten, hilfreich ist. Beispielsweise führen zu viel Angst und zu wenig Vertrauen in der Regel zu starren, unflexiblen und unangemessenen Verhaltensweisen; wenig Angst und viel Vertrauen kann dazu führen, dass eine Gefahr nicht erkannt wird und dadurch das Risiko entsteht, leichtfertig zu handeln.

Ein weiterer wichtiger Entwicklungsabschnitt ist die *Pubertät*. In dieser Zeit werden gewaltige Veränderungen des Hormonhaushaltes in Gang gesetzt. Auch das Gehirn entwickelt sich durch neue neuronale Verknüpfungen weiter. Die Identitätsbildung ist ein wichtiger Schritt, um die Fähigkeit zu erlangen, selbständig entscheiden und handeln zu können. Gelingt dieser Prozess nicht, können Jugendliche oder junge Erwachsene sich nicht frei und stabil fühlen, nicht loslassen, sich nicht abgrenzen beziehungsweise anderen keine Grenzen setzen, keinen Zugang zu ihren Bedürfnissen und Emotionen finden, sich in ihrem Körper nicht wohl fühlen und sich nicht als eigenständige Person erleben. Wenn das soziale Umfeld Jugendliche in ihren Bestrebungen nach eigenen Ansichten und Einstellungen nur unzureichend unterstützen kann, können Störungen in der Identitätsentwicklung auftreten. Diese können sich in den Einstellungen zu Werten und Moral, Bedürfnissen und ihrem Selbstbild, zur sexuellen Orientierung und zu Zielen sowie gegenüber Freunden und späteren Partnern zeigen. Jugendliche können abhängig werden von den Meinungen und Vorstellungen anderer, wodurch sie unsicher, leicht manipulierbar und verführbar werden. Eine nicht stabile Persönlichkeit und ein eingeschränkter Selbstwert, der das Spiegelbild aller Denkmuster über sich selbst ist, können zusammen mit hormonellen Veränderungen ab der Pubertät zu einem suizidalen Risikofaktor werden. Suizidalität begünstigen kann auch der Faktor, dass das Großhirn in der Pubertät noch nicht voll ausgereift ist.

Um mit Belastungen umgehen zu können, haben sich im Verlauf von Kindheit, Jugend und frühem *Erwachsenenalter* bei jedem Menschen individuelle Verhaltensmuster entwickelt. Innere Spannungszustände beziehungsweise Frustration können entstehen, wenn der

Versuch, die eigenen Bedürfnisse zu befriedigen, immer wieder scheitert. Träume, Wünsche, Sehnsüchte und Bedürfnisse können – wie eine Pyramide – zusammenbrechen, wie das Modell der Maslow'schen Bedürfnishierarchie (vgl. Abbildung 1) zeigt.

Es ist nicht einfach, die Wahrnehmung notwendiger Bedürfnisse – wie Entspannung, Belohnung, Freiheit, Nähe, Anerkennung, Respekt oder Selbstbestimmung – von den Empfindungen zu unterscheiden, die erstrebenswerte oder auch unsinnige Wünsche auslösen. Wenn entsprechende Erfahrungen fehlen, kann ein Bedürfnis nicht klar erkannt und ausreichend erfüllt werden. Durch angelegte Muster im Gehirn werden auch langfristig wirkungslose Verhaltensweisen unterstützt, da sie kurzfristig ein Gefühl von Zufriedenheit entstehen lassen. Auf Dauer bleiben aber unbefriedigte Impulse bestehen.

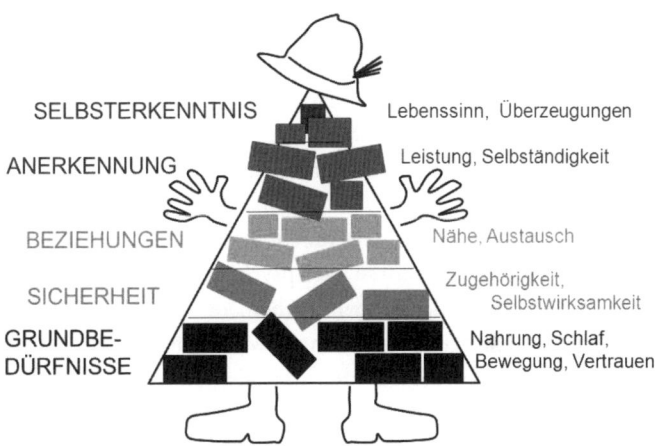

Abbildung 1: Modell der Bedürfnisbefriedigung (frei nach Maslow)

Wenn ein Mensch keinen Zugang zu seinen Emotionen und Bedürfnissen hat, ist er nicht in der Lage, sie angemessen zu befriedigen. So wird verständlich, weshalb Menschen versuchen, den inneren Drang mit unangemessenen Mitteln zu stillen. Wenn der Mensch sich nach Grund- oder Sicherheitsbedürfnissen wie Vertrauen, selbstwirksam sein zu können, Zugehörigkeit, Bewegung oder Regeneration sehnt, führen beispielsweise exzessives Arbeiten, Essen, Kaufen, Glücksspiele, Internet oder sexuelle Aktivitäten nicht zu Zufriedenheit. Es ist mittlerweile bekannt, dass aufgrund der Musterbildung im Gehirn neben stofflichen Substanzen (Alkohol oder Drogen usw.) auch Verhaltensweisen, wie beispielsweise die beschriebenen, abhängig machen können. Der enorme Drang, einem bestimmten Reiz immer wieder zu folgen, bestimmt die Gedanken und engt Handlungs- und Entscheidungsfreiheit stark ein.

Oft besteht auch der Glaube, der Partner oder andere Menschen seien verantwortlich für die Befriedigung eigener Bedürfnisse. Ein Teufelskreis aus unangebrachten Überzeugungen und unzweckmäßigen Verhaltensweisen kann entstehen, der zu Konflikten und Krisen führt. Nicht selten werden diese Muster von den Eltern übernommen und bereits in der Kindheit oder Jugend angelegt.

Die Einstellung sich selbst beziehungsweise den eigenen Bedürfnissen und Wünschen gegenüber hat auch Auswirkungen auf die Gestaltung von Beziehungen. Mann oder Frau werden unter den genannten Voraussetzungen auch die Partnerschaft als lähmend und unbefriedigend empfinden und sie mit Last verbinden. Wenn sich der eine am anderen orientiert und beim Partner das sucht, was ihm selbst fehlt, kann es zu Außenbeziehungen, Trennung und Scheidung kommen, wodurch auch psychische Störungen und suizidale Krisen begünstigt werden können.

In vielen Suizidfällen wird von der verzweifelten und gescheiterten Suche berichtet, das finden zu wollen, was tatsächlich fehlt: Liebe, Wärme, innerer Halt, Sicherheit. Die Folgen sind quälende Emotionen (Enttäuschung, Angst, Verletzungen oder Kränkungen), ständiger Druck oder Leere oder Überforderung.

Ein weiterer Faktor, der zu Entgleisungen mit suizidalem Verlauf führen kann, ist die Fähigkeit, mit Frustration umzugehen. Sie entscheidet darüber, wie man in Krisen, bei Konflikten, Stress oder bei Kritik reagiert. Die im Laufe der Kindheit gesammelten Erfahrungen in Bezug auf Enttäuschungen, den Umgang mit Belastungen, Misserfolgen, inneren Spannungen, Beklemmungen, Unlust,

Langeweile oder mit anderen unangenehmen Empfindungen und Gefühlen sowie Situationen bestimmen, wie, wie schnell und wie heftig Menschen reagieren.

Frust kann entstehen, wenn Menschen plötzlich einem Ereignis oder einer Empfindung unvorbereitet gegenüberstehen beziehungsweise wenn etwas nicht nach ihren Vorstellungen verläuft. Wenn das Vertrauen immer wieder erschüttert wird, entwickelt sich langfristig Misstrauen. Das kann bei Problemen, Rückschlägen oder Niederlagen immer wieder zu Enttäuschung und schließlich zu Resignation führen. Man fühlt sich als Versager, ist tief verletzt und leidet.

Bei suizidalen Menschen ist häufig eine niedrige Frustrationstoleranz anzutreffen. Sie führt dazu, unangemessen heftig zu reagieren, sich hilflos zu fühlen, sich zu bemitleiden, Ungerechtigkeiten und Hindernisse als bedrohlich zu erleben, Tätigkeiten zu meiden, die unbequem sind oder die mit Misserfolgen verbunden sein könnten. Auch eine hohe Frustrationstoleranz, verbunden mit einer an sich positiven Einstellung wie »Ich schaff das schon!« und starren, unflexiblen Verhaltensmustern, die zum Missachten eigener Bedürfnisse führen, kann psychische sowie physische Überforderung, Folgeerkrankungen und Suizidalität begünstigen. Eine zu hohe Frustrationstoleranz mit Verhaltensmustern wie Sich-nicht-abgrenzen-Können, Aushalten, Ertragen und Erdulden kann plötzlich ins Gegenteil umschlagen und, ebenso wie eine zu niedrige Toleranz, zur Explosion von Emotionen und Überforderung führen.

Ein anderer Gradmesser für angenehme und unangenehme Empfindungen ist die Schmerztoleranz. Bestimmte Nervenzellenverbände in verschiedenen Regionen des Gehirns sind für die Verarbeitung der sensorischen, gefühlsmäßigen und bewusst wahrgenommenen Aspekte von Schmerz verantwortlich. Diese neuronalen Netzwerke prüfen und bewerten, wie intensiv der Schmerz aufgrund bisheriger Erfahrungen empfunden wird, ob der Schmerzreiz unangenehm ist oder ob die Schmerzschwelle des Erträglichen überschritten wird. So einzigartig jeder Mensch ist, so individuell hat sich auch seine Schmerztoleranz entwickelt.

Die Schmerztoleranz entwickelt sich aufgrund der Spiegelneuronen beim Kind durch den Umgang der Bezugspersonen mit Schmerzen, durch eigene Schmerzerlebnisse im Laufe des Lebens und durch erfahrene Möglichkeiten, Schmerzen lindern zu können. Frustrations- und Schmerztoleranz können zusammen mit anderen suizidalen Einflussfaktoren verantwortlich sein, wenn ein Mensch irgendwann im Leben den Weg der Selbsttötung geht. Der empfundene Frust, das als Schmerz wahrgenommene Leid übersteigen dann sein Maß dessen, was ihm möglich ist, zu ertragen.

Schmerz- und Frustrationstoleranz können unterschiedlich ausgeprägt wie auch gestört sein. Sie sind keine feststehenden Größen. Jede belastende Erfahrung kann sie verändern. Auch bei diesen beiden Faktoren entscheiden »zu wenig« oder »zu viel« über weitere Entwicklungen. Psychische Belastungen und Erkrankungen haben Einfluss auf Frustrations- und Schmerztoleranz. Beispielsweise können Trauer und Depression Schmerzen unerträglich werden lassen und Lärm oder Licht kann beispielsweise bei Migräne extrem belasten.

Wenn innere Spannungen aufgrund von Frust oder Schmerz nicht aufgelöst werden können, müssen andere Stressbewältigungsstrategien gefunden werden, um die Belastung zu verringern oder zu beenden:

- Abwehren: Entlastung, indem die stressauslösende Situation vermieden wird oder indem durch unbewusste Abwehrmechanismen Gedanken und Emotionen aus dem Bewusstsein verdrängt und zum Beispiel Gefühle »hinuntergeschluckt« werden. Außerdem kann man sich in Arbeit stürzen oder anderweitig ablenken, schweigen oder sich gekränkt und beleidigt zurückziehen.
- Richten der Aggression nach außen: Belastende Gefühle werden als Aggression nach außen ausgelebt, beispielsweise durch Weinen, Schreien, Klagen, Streiten, Vandalismus, Töten von Tieren oder von anderen Menschen. Auch Worte verbunden mit aggressiven Anteilen können zum Beispiel in Form von Sarkasmus oder Zynismus bei anderen Gefühle der Verletzung auslösen.

- Richten der Aggression nach innen: Entlastung durch das Richten der Aggression nach innen, das heißt auf sich selbst in Form von Selbstverletzungen oder Selbstkritik, aber auch Suizidversuch oder Suizid.

Diese Stressbewältigungstaktiken (Virginia Satir nennt sie Überlebenshaltungen) ähneln in den Grundzügen auch heute noch denen vor Millionen von Jahren. Die Verhaltensmuster von Flucht (Rückzug), Kampf (Schreien) oder Starre (Apathie) entwickeln sich beim Menschen im Laufe seines Lebens, wenn Alternativen fehlen, um den Selbstwert gegen wahrgenommene oder vermutete Bedrohungen zu schützen.

Auch wenn die Konfliktlösung nicht gelingt, kann – wenn keine alternativen Handlungsmöglichkeiten vorhanden sind oder gesucht werden (können) – nur auf bereits vorhandene, unzufriedenstellende Kommunikations- und Verhaltensmuster zurückgegriffen werden. Wenn beispielsweise Auseinandersetzungen unter den Geschwistern von den Eltern unterbunden wurden oder keine Geschwister oder andere Streitpartner zur Verfügung standen, können Defizite in der Konfliktfähigkeit entstanden sein. Die Fähigkeiten im Umgang mit Konflikten konnte dann nur mangelhaft erworben werden. Auch ungünstige Konfliktlösungsmuster der Eltern können übernommen worden sein. Starres Schweigen, Sichzurückziehen, Nachtragendsein, Anklagen, Selbstmitleid oder Sichablenken sind Automatismen, die bei suizidalen Entwicklungen häufig anzutreffen sind.

Je öfter die Erfahrung gemacht wird, dass das, was sich in den Weg stellt, mit den zur Verfügung stehenden Mitteln nicht gemeistert werden kann, desto geringer wird die Überzeugung, eigene Probleme lösen zu können. Misstrauen und Unsicherheit verstärken sich. Die Möglichkeit, sich anderen zu öffnen und sie um Unterstützung zu bitten, schwindet. Angst und Vorsicht werden größer und das Selbstwertgefühl sinkt.

Die Kommunikation spielt bei Suizidalität eine wichtige Rolle. Da Kommunikation kreisförmig ist, beeinflussen sich der, der etwas mitteilt (Sender), und der, der das Gesagte aufnimmt (Empfänger), im Dialog immer wieder gegenseitig: Der Inhalt oder die Art und Weise der Übermittlung der Nachricht führen zu Reaktionen des Empfängers. Seine Reaktionen steuern sein Handeln, was wiederum Einfluss auf die Reaktionen und das anschließende Verhalten des Senders hat. Wenn im Gespräch die Einsicht fehlt, dass der andere seine subjektive Wirklichkeit aufgrund seiner individuellen Erfahrungen hat und dass eigene Emotionen nicht der Gesprächspartner zu verantworten hat im Sinne von »Du bist schuld, dass ich wütend bin«, kann Kommunikation immer wieder scheitern.

Auch die aufgrund der Befindlichkeit gewählten Worte sowie die Art und Weise der sie begleitenden Aspekte (Lautstärke, Betonung, Mimik, Gestik) können zu Kränkung, Verletzung, Enttäuschung oder Missverständnissen führen. Die Kraft von Worten und der sie begleitenden Komponenten ist vielen Menschen nicht bewusst. Worte können Schmerzen lindern und sie können sie verschlimmern. Häufig sind bei Suizidalität ungünstige Muster in ihrer sozialen und emotionalen Kompetenz zu finden.

Auf dem Weg zum erwachsenen Menschen stellen sich viele Hürden in den Weg, die zu Misstrauen, Unsicherheit, Angst vor Kontrollverlust, Störungen bei der Aufnahme und Gestaltung von Beziehungen, Angst vor endgültigen Entscheidungen oder festen Bindungen, zu Minderwertigkeitsgefühlen, Perfektionismus und Angst vor Fehlern, übertriebenem Einsatz und zu hohen Ansprüchen, zu mangelnder Abgrenzung, Identitätsstörungen, ungünstiger Befriedigung der eigenen Bedürfnisse und zur Abhängigkeit von anderen Menschen sowie deren Meinungen führen können. Diese und weitere Risikofaktoren können Suizidalität begünstigen.

Geist – Seele – Körper

Belastende Empfindungen entstehen, wenn das enge Zusammenspiel von Seele, Psyche und Körper beeinträchtigt ist. So können traumatische, neurobiochemische und somatische Belastungen signalisieren, dass Veränderungen eingetreten sind, die das Überleben gefährden. Das Signal regt den Organismus an, Kräfte zu mobilisieren, um die Störung zu beseitigen. Diese Prozesse können wiederum gestört sein.

Eine Veränderung kann sich auf jeder Ebene (Körper, Geist, Seele) zeigen, wobei diese Ebene nicht der Bereich der ursächlichen Störung sein muss. Wie Kommunikation entwickeln sich auch die Abläufe Wahrnehmen, Denken, Erinnern, Bewerten und Fühlen kreisförmig und bedingen sich gegenseitig. Sie können sich zum Beispiel folgendermaßen verstärken: *Gedanke (Erinnerung) → Gefühl → körperliche Empfindung → veränderter Gedanke, Emotion → Bewertung → körperliche Reaktion → veränderte Emotion, Schmerz → Bewertung → Emotion → veränderter Schmerz.*

Ganz entscheidend für die Entwicklung innerpsychischer Zustände sind die Gedanken. Sie beeinflussen Gefühle insofern, dass Emotionen unter anderem davon abhängig sind, was der Mensch in belastenden Situationen über das Problem und seine Folgen, über sich selbst, sein Tun und andere sowie seine Handlungsmöglichkeiten aktuell oder in der Zukunft denkt. Je nachdem auf welche Erfahrungen der Mensch zurückgreifen kann, wird er förderliche oder hinderliche Gedanken finden, die sich aufgrund der Bildung von Automatismen im Gehirn in Stresssituationen unbewusst immer wieder aufdrängen. Ungünstige Denkmuster aus misstrauischen Erwartungen und ängstlichen Befürchtungen dessen, was in der Vergangenheit passiert ist oder in der Zukunft eintreten könnte, können zu regelrechten »Denkfehlern« werden, so dass sich Belastungen verstärken und der Selbstwert geschwächt wird. Denkfehler sind der Nährboden für quälende Emotionen, die die Stimmung und den psychischen und physischen Allgemeinzustand beeinflussen, so dass sich auch psychische Störungen mit Suizidalität entwickeln können.

Denkfehler (Depressionsmodell nach Beck; Lieb et al., 2008) können sich äußern durch sogenanntes Schwarz-Weiß-Denken, selektive Wahrnehmung, katastrophisierendes Denken, unangemessene Verallgemeinerung oder emotionale Beweisführung. Sie können sich in imperativen Sätzen mit »müsste« – »sollte« – »könnte« zeigen. Beispielsweise sind bei Depressionen oder suizidalen Entwicklungen Denkmuster wie die nachfolgenden häufig zu beobachten: »Ich muss unbedingt ...« – »Ich darf auf keinen Fall ..., sonst passiert eine Katastrophe.« – »Das ist absolut unmöglich für mich.« – »Wenn ..., dann halte ich das niemals aus.« – »Das werde ich mir nie verzeihen.«

Sich sorgen und grübeln, sich ängstigen oder aggressiv reagieren, innere Unruhe und Schlafstörungen zeigen, wie die Belastung sich auf jeder Ebene ausbreiten kann. Wenn Probleme unlösbar oder unerträglich erscheinen, verstärken sie das Gefühl, nichts tun zu können und der Situation hilflos ausgeliefert zu sein. Die Folge können Teufelskreisläufe mit sich immer weiter verdichtenden Empfindungen und Gedanken sein. Diese Entwicklungen können wie in einem engen Tunnel steckenbleiben und im Suizid enden. Begleitend können sich biochemische Abläufe im Gehirn verändern oder psychische Störungen entstehen: Aus einer übermäßigen Ängstlichkeit (Emotion) kann eine anhaltende Besorgtheit (Stimmung) werden und daraus kann sich eine Angststörung (psychische Erkrankung) entwickeln.

Biochemische Prozesse im Gehirn werden durch Signale (elektrische Impulse) ausgelöst, die anschließend die Nervenzellen (Neuronen) durchwandern. Neuronen sind durch Synapsen miteinander verbunden. Die darin einlaufenden Signale veranlassen die Ausschüttung von Botenstoffen (Neurotransmitter), die die elektrischen Impulse an andere Nervenzellen weitergeben. Wenn aufgrund von synaptischen Regulationsstörungen Neurotransmitter – wie beispielsweise Serotonin, Adrenalin, Noradrenalin oder Dopamin – nicht mehr in der notwendigen Konzentration an dem Ort vorliegen, wo sie benötigt werden, können spezifische Beschwerden auftreten. Diese hängen davon ab, welche Botenstoffkonzentration erniedrigt oder erhöht ist (Lieb et al., 2008).

Befunde deuten darauf hin, dass suizidale Handlungen im Zusammenhang mit erniedrigten Botenstoffkonzentrationen im Gehirn stehen. Asberg und Kollegen fanden 1976 erstmals Hinweise darauf. Sie untersuchten 119 depressive Patienten, hiervon 46 nach einem Suizidversuch. Das Ergebnis war, dass 30 der 46 Patienten eine erniedrigte Serotoninkonzentration aufwiesen. Sechs der dreißig Patienten hatten sich nach einem Jahr suizidiert, jedoch keiner der 89 Patienten ohne erniedrigte Serotoninkonzentration (Asberg, Träskman u. Thorén, 1976).

Der Hirnstoffwechsel kann auch durch äußere Einflussfaktoren verändert werden, beispielsweise durch Medikamente, Alkohol oder Drogen. Ist die Mineralstoffversorgung mit Kalium und Natrium – die unter anderem Nervenzellenfunktionen steuern – gestört, kann das Einfluss auf den Stoffwechsel des Körpers und damit auch auf den des Gehirns haben.

Psychische Erkrankungen haben ein sehr hohes Risiko für suizidale Entwicklungen. Zu den Erkrankungen mit dem höchsten suizidalen Risiko zählen organische psychische Störungen (z. B. Demenz im Anfangsstadium), affektive Störungen (z. B. Depression oder Bipolare Störung), Schizophrenien und Suchterkrankungen (durch Alkohol, Drogen oder Medikamente), neurotische und Belastungsstörungen (z. B. Angst-, Anpassungs- oder Posttraumatische Belastungsstörungen), Dissoziative Störungen sowie Verhaltensstörungen, Störungen der Impulskontrolle und Persönlichkeitsstörungen (z. B. Borderline).

Psychische Erkrankungen können akut auftreten, vorübergehend sein, länger anhalten oder auch ein Leben lang bestehen bleiben. Sie können sich langsam entwickeln und in eine chronische Form übergehen. Manche Erkrankungen zeigen sich durch deutliche Symptome; andere, wie beispielsweise Persönlichkeitsstörungen, sind mitunter schwer zu diagnostizieren. Auffällig ist meist nur, dass das Verhalten sehr oft unangemessen, starr und unflexibel ist und dass die Art und Weise der Reaktionen sich in ihrer Intensität, Variationsbreite und emotionalen Angemessenheit von Verhalten, welches als angemessen angesehen wird, unterscheidet (Lieb et al., 2008).

Um belastende psychische Veränderungen nicht zu spüren oder aushalten zu müssen, lenken sich Betroffene häufig ab oder vermeiden bestimmte Situationen, sie greifen zu Tabletten, Alkohol oder anderen »Betäubungsmitteln«, sie grübeln und haben Selbstzweifel oder üben Selbstkritik. Als Folge sinkt der Selbstwert und die Unzufriedenheit nimmt zu, so dass sich Beziehungskrisen einstellen können. Es kann zum Rückzug von sozialen Kontakten oder zur Krankschreibung kommen, da sich zusätzlich körperliche Beschwerden zeigen können. Nicht selten führt in belastenden Situationen die psychische Überforderung, die mit veränderter Schmerzwahrnehmung einhergeht, zu Muskelanspannungen mit Symptomen wie Kopf- oder Rückenschmerzen, die keine organische Ursache haben. Psychische Überlastung kann, da sie das Immunsystem schwächt, auch zu körperlichen Erkrankungen führen.

Chronische Schmerzzustände oder unheilbare Krankheiten belasten nicht nur körperlich, sondern zusätzlich psychisch und sie können zu suizidalen Entwicklungen führen. *Körperliche Erkrankungen* mit einem erhöhten Suizidrisiko sind zum Beispiel schwere Migräne, Gehirntumore, Epilepsie oder Multiple Sklerose und Krebserkrankungen. Ein besonderes suizidales Risiko für eine Selbsttötung stellen multiple Belastungen auf körperlicher und psychischer Ebene dar. Fallbeispiel 5 zeigt einen solchen Fall. Auch Angehörige chronisch oder unheilbar Kranker können aus Angst vor dem Fortschreiten der Erkrankung, aus Verlustangst oder Angst, allein zurückzubleiben, psychische Störungen oder Suizidalität entwickeln.

Psychische Erkrankungen vermitteln auch heute noch aufgrund der deutschen Geschichte (der Umgang im Nationalsozialismus mit geistig behinderten und mit psychisch kranken Menschen) verbreitet das Gefühl, sich dafür schämen zu müssen. Auch Arbeitgebern gelingt es nicht immer, einem an einer Depression erkrankten Mitarbeiter genauso viel Mitgefühl entgegenzubringen wie dem Kollegen, der durch einen Unfall mit gebrochenem Bein im Krankenhaus liegt.

Aus Angst, ihr Image zu verlieren oder von anderen als »verrückt« abgestempelt zu werden, behalten viele von psychischen Störungen Betroffene ihre Beschwerden für sich. Sie werden dadurch nicht behandelt. Manche suizidale Entgleisung könnte verhindert werden, wenn psychische Störungen als Stoffwechselstörungen des

Gehirns genauso ernst genommen werden wie andere Stoffwechselerkrankungen – beispielsweise Diabetes mellitus – auch.

Schwierig ist es, eine psychische Erkrankung als solche zu erkennen. Viele Betroffene haben mitunter einen langen Leidensweg hinter sich, bis eine psychische Krankheit hinter den körperlichen Beschwerden oder den Persönlichkeitsveränderungen entdeckt wird.

Eine Ursache, die die Diagnosestellung und die Einleitung einer Therapie erschwert, liegt in den unterschiedlichen Möglichkeiten des Zugangs Betroffener zu ihren psychischen Veränderungen. Demjenigen, der im Laufe seiner späten Kindheit und Jugend eine Persönlichkeitsstörung entwickelt hat, fällt es – da er mit seinen Veränderungen herangewachsen ist – schwer oder ist es nicht möglich, dahinter eine behandelbare Störung zu erkennen. Psychische Erkrankungen werden entsprechend der Möglichkeit Betroffener, ihre Symptome als eigene, krankhafte, behandelbare Veränderungen wahrzunehmen, unterteilt in

- Störungen, die als solche wahrgenommen und als belastend empfunden werden können (Ich-dyston) – zum Beispiel Angststörung,
- Störungen, die nicht als von einem selbst ausgehend wahrgenommen und nicht als belastend empfunden werden können (Ich-synton) – zum Beispiel Persönlichkeitsstörungen.

Letztere bemerkt der Mensch erst in der Interaktion mit anderen Personen. Er nimmt das Verhalten anderer Menschen als fremd und bedrohlich wahr. Das kann Leidensdruck auslösen. Aufgrund der fehlenden Krankheitseinsicht ist es für diese Menschen schwierig, sich anderen zu öffnen. Die Erkrankung kann so nicht erkannt und behandelt werden. Eine Selbsttötung kann sich für Hinterbliebene dadurch so darstellen, als wäre sie ohne erkennbaren Grund, scheinbar »aus heiterem Himmel« erfolgt.

Akute oder in der Vergangenheit liegende belastende Ereignisse oder biochemische Prozesse, die Denken, Fühlen und Verhalten verändern können, oder mögliche genetische Dispositionen zeigen, wie komplex und vielschichtig die Faktoren sind, die Suizidalität begünstigen, und wie diese das psychische und körperliche Befinden beeinflussen.

Risikofaktoren, die suizidale Entwicklungen auslösen

Viele verschiedene Bedingungen können Einfluss auf die Entwicklung von Persönlichkeit, Selbstwert, Identität, auf Beziehungen oder das Gefühl von Selbstwirksamkeit nehmen und das physische und psychische Befinden verändern.

Ursache für suizidale Entwicklungen ist nicht der sichtbare Auslöser, sondern dieser trifft zu einem bestimmten Zeitpunkt auf ungünstig entwickelte Persönlichkeitsanteile und Fähigkeiten, auf genetische Defekte oder auf eine erkrankte Psyche des Menschen, so dass sich für ihn die Veränderung, der Konflikt oder die Krise zu einer Extrembelastung aufgrund emotionaler Entgleisung oder biochemischer Veränderungen im Gehirn ausweitet.

Auslösende Faktoren können Ereignisse oder Veränderungen *von außen* oder *von innen* sein, die zu irgendeinem Zeitpunkt im Leben des Menschen plötzlich auftreten oder sich entwickelt haben. Treffen sie dann mit bereits bestehenden Risikofaktoren zusammen, kann es zu Suizidalität kommen. Je mehr ungünstige Entwicklungen im Vorfeld der aktuellen Krise stattgefunden haben, desto größer wird das suizidale Risiko:

- *Soziale* Krise (Beruf: Jobverlust, belastende Arbeitssituation durch Unter- oder Überforderung, Mobbing, Langzeitarbeitslosigkeit. Privat: Trennung, Verlust des Partners, des Kindes),
- *persönlichkeitsbezogene* Krise (Werte- und Moralvorstellungen, Identität),
- *biologische* Krise (Pubertät, Wechseljahre, Alter),
- *traumatische* Krise (Missbrauch, Unfall, Suizid eines Angehörigen und jede andere als lebensbedrohlich wahrgenommene Belastung),
- *emotionale* Krise (Wertlosigkeit, Existenzangst, Einsamkeit, Perspektivlosigkeit, Hoffnungslosigkeit, Hilflosigkeit, Verzweif-

lung, Resignation, Schuldkonstrukte und Scham, Gefühllosigkeit, Leere, Angst- und Panikzustände, Wahnvorstellungen oder Halluzinationen, Impulsivität und Aggressivität).

In akuten Krisen werden unbewusst bisherige Erfahrungen herangezogen. Von den Vorerfahrungen hängt es ab, ob günstige oder ungünstige Lösungen – die unter bestimmten Voraussetzungen zur Selbsttötung führen können – gefunden werden.

Häufige Auslöser eines Suizids betreffen den Selbstwert, den empfundenen Sinn des Lebens oder des eigenen Tuns sowie Fehler und ihre Konsequenzen, innere Konflikte oder Probleme mit anderen Menschen sowie fehlende Möglichkeiten des Handelns. Des Weiteren sind Entwicklungen wie Teufelskreise, die zu Einengung und Entgleisungen führen, für suizidale Krisen verantwortlich.

Fehler – Konflikte – Selbstwert

Fehler und ihre Konsequenzen können zu heftigen emotionalen Reaktionen führen, die auch das Selbstwertgefühl beeinflussen. Wenn Betroffene – vor allem in der Kindheit – erleben, dass Fehler dramatisiert werden und schmerzhafte Konsequenzen nach sich ziehen, werden sie versuchen, Fehler um jeden Preis zu vermeiden, zu verschweigen oder zu vertuschen aus Angst vor ähnlich schweren Folgen. Dieser Versuch kann immer wieder zu Überforderung führen. Mit dem Ziel, alles zur Fehlervermeidung zu tun, können sich unflexible Verhaltensmuster bilden. Die Überzeugung kann sich verfestigen, mit begangenen Fehlern – selbst oder durch andere verursacht – und den Folgen nicht leben zu können. Lösungen, wie sich dem Problem stellen, Fehler wiedergutmachen oder sich verzeihen oder sie als Lernerfahrung sehen, sind aufgrund der Vorerfahrungen nicht möglich.

Eigene Maßstäbe werden häufig auch auf andere übertragen. Starres Festhalten an unerreichbaren Überzeugungen und übertriebenen Bemühungen können dazu führen, dass davon abweichende Vorstellungen, Situationen oder Verhaltensweisen nur schwer zu kompensieren sind. Die Selbsttötung kann dann Ausdruck sein von quälenden Ängsten, schwersten Selbstvorwürfen, Scham oder tiefster Kränkung aufgrund der Verletzung von Stolz oder Ehre, von schlimmsten Befürchtungen, sein Gesicht, seine Existenz oder ein anderes, dringend benötigtes Bedürfnis zu verlieren.

Konflikte können im Inneren oder im Außen entstehen. Ein innerer Konflikt kann die Identität, Wertevorstellungen, Bedürfnisse, Wünsche, moralische Vorstellungen und Überzeugungen oder das Handeln und Entscheidungen betreffen. Eine von außen ausgelöste Krise betrifft das, was andere gesagt, getan oder unterlassen haben oder Beziehungen, die plötzlich oder seit langem gestört sind. Auch im Konflikt entscheiden die Erfahrungen und erworbenen Fähigkeiten über die Möglichkeiten, zu reagieren. Angst oder Unsicherheit vor Neuem, Vermeiden von Veränderungen, Konflikte laut oder lautlos lösen wollen, Probleme »unter den Teppich kehren« sind unangemessene Versuche, die immer wieder zum Scheitern führen. Wenn der »Kopf in den Sand gesteckt« wird und so getan wird – zumindest nach außen –, als sei alles in Ordnung, können Auseinandersetzungen sich so ausweiten, dass sie über den Kopf wachsen. Die Situation kann aus dem Ruder laufen, sie scheint nicht mehr korrigierbar zu sein. Bedrohliche Ängste und Hilflosigkeit führen in die Sackgasse.

Wenn Vertrauen und Möglichkeiten für konstruktive Kommunikation fehlen, engen Sich-nicht-öffnen-Können, vage Andeutungen, unklare und missverständliche Aussagen, lähmendes Schweigen und Rückzug mit Grübeln weiter ein.

Da zur Kommunikation – außer bei Selbstgesprächen – mindestens zwei Menschen gehören, können auch die Reaktionen anderer Menschen Krisen auslösen. Wenn andere, ausgehend von ihren gedanklichen, bildhaften und emotionalen Konstrukten, davon überzeugt sind und unbeirrt daran festhalten beziehungsweise glauben, dass sie im Recht sind, können sich Missverständnisse bedrohlich ausweiten. Wenn dann Erfahrungen zum Selbstschutz, zur Abgrenzung und zum Akzeptieren beziehungsweise Aushalten des Zustandes, dass manche Konflikte unlösbar sind, fehlen, kann das dem *Selbstwert* so schaden, dass der Beteiligte in eine tiefe Krise stürzt.

Mit der emotionalen Wirkung des Wortes *Meinungsverschiedenheit* kann man nachspüren, ob es in der Kindheit unerwünscht oder verboten war, anderer Meinung zu sein als die Eltern oder mit Geschwistern oder anderen zu streiten. Aus fehlenden Erfahrungen und Erfolgen bei der Lösung von Konflikten können Auseinandersetzungen zu dem starren Glauben führen: »Ich kann nichts tun.« – »Ich bin völlig hilflos.« – »Ich bin dem Problem ausgeliefert.« – »Ich bin gescheitert.« – »Ich bin ein Versager.« Derartige Überzeugungen beeinflussen langfristig das Selbstwertgefühl so stark, dass es Auswirkungen auf das psychische Befinden hat. Die Entwicklung psychischer Erkrankungen und Suizidalität sind möglich.

Depressionen und andere psychische Krankheiten gehen mit Veränderungen der Botenstoffkonzentrationen im Gehirn einher. Eine verminderte Dopaminkonzentration im Gehirn kann zu Apathie führen. Wenn nicht ausreichend Serotonin zur Verfügung steht, kann es zu Schlafstörungen, Stimmungsschwankungen und Reizbarkeit kommen. Ein verminderter Noradrenalinspiegel kann beispielsweise zu Antriebsmangel oder vermindertem Ehrgeiz führen. Wenn sich derartige Veränderungen im Gehirn entwickeln, kann es immer schwerer werden, sich zu freuen, zu konzentrieren, sich aufzuraffen und etwas zu verändern. Das entstehende Gefühl der fehlenden Selbstwirksamkeit schwächt auch den Selbstwert. Das kann zu tief empfundener Wertlosigkeit führen. Es können sich Zweifel bezüglich der Sinnhaftigkeit des Lebens, des eigenen Tuns oder der eigenen Existenz einstellen.

Wenn wichtige Bedürfnisse oder Werte nicht (mehr) befriedigt beziehungsweise gelebt werden können und die Möglichkeiten, etwas zu verändern, durch innere Entwicklungen oder äußere Umstände so eingeschränkt sind und versperrt erscheinen, dass Hilflosigkeit, Wertlosigkeit und Verzweiflung das Gefühlsleben bestimmen, kann der Sinn für ein Weiterleben schwinden. Extrem belastend empfundene Einschränkungen von außen können Inhaftierungen, Trennungen, der Verlust eines Kindes oder des Partners, Verlust von Arbeitsplatz oder Heimat, Veränderung der gewohnten Wohn- und Lebensbedingungen sein. Von innen können die Diagnose einer schweren Erkrankung oder das Fortschreiten einer unheilbaren beziehungsweise chronischen Krankheit zu einer Begrenzung führen, der man sich hilflos ausgeliefert fühlt. Es kann sich die Überzeugung verfestigen, dass die Bedürfnisse nach Liebe, Sicherheit oder (Schmerz-)Freiheit und dass man für andere wertvoll ist, nie mehr erfüllt werden. Perspektiven und Lebenswille schwinden weiter, wenn man sich selbst nicht mehr liebenswert und das Leben nicht mehr lebenswert findet. Wenn nur noch Gedanken wie »Das hat alles keinen Sinn mehr« kreisen, bricht der Selbstwert zusammen.

Wenn auf derartige ungünstige Entwicklungen im Inneren Veränderungen von außen treffen, kann es zu starker emotionaler Überforderung kommen, die suizidale Impulse auslösen kann.

Einengung – Entgleisung

Bei emotionaler Überforderung oder psychischen Erkrankungen kann der Balken, der die Gehirnhälften verbindet, die Aktivität einer oder beider Hemisphären blockieren, so dass die Abläufe des Informationsaustauschs gestört werden und es zum Handlungsstau wie bei suizidalen Entwicklungen kommen kann.

Immer wieder gleich ablaufende, erschöpfende Gedanken, Bewertungen und Empfindungen beeinflussen sich gegenseitig. Teufelskreise können entstehen, die Betroffene immer weiter einengen. Ein sogenannter Tunnelblick kann die Folge sein. Die *Einengung* verhindert, dass nach Alternativen gesucht und andere Wege einschlagen werden können; dass man sich und sein Leben verändern kann. Betroffene steigern sich in die empfundene Ausweglosigkeit immer weiter hinein, resignieren und geben auf.

Wenn innerpsychische Veränderungen fortschreiten, werden, wie bei einem Pferd mit Scheuklappen, Funktionen wie Sehen, Hören, Fühlen und Denken eingeengt: Der Blick verengt sich, der Radius – was man aufnehmen und bewerten, auf welche Handlungsmöglichkeiten beziehungsweise Menschen man zurückgreifen und was man tun kann – wird kleiner. Die Gedanken werden quälender und die Empfindungen bedrückender. Es kann nicht mehr unterschieden werden zwischen dem, was tatsächlich passiert (ist), und dem, was nur in Gedanken existiert.

Je länger solche Zustände andauern, umso schwieriger wird es, sie zu unterbrechen oder zu beenden, da das Gehirn auch für diese Abläufe Automatismen bildet. Wenn sich eine Tunneldisposition entwickelt, kann die Situation eskalieren: *Emotionen entgleisen*, ein noch vager Suizidplan verfestigt sich, es kommt zur suizidalen Handlung.

Ein jeden Suizid begleitender Faktor ist die emotionale beziehungsweise psychische Überforderung mit schlimmsten Qualen, schwersten Schmerzen, panischer Angst oder der Empfindung, überhaupt nichts (mehr) fühlen zu können; mit völliger Hilflosigkeit, tiefster Verzweiflung, ausgeprägten Selbstvorwürfen aufgrund von Scham und Schuldideen, mit unerträglicher Einsamkeit oder auch Hass, der von Rachegedanken begleitet wird. Jede Empfindung, die die Grenze des Ertragbaren übersteigt, lässt in einer schweren suizidalen Krise den Wunsch nach Ruhe, innerem Frieden, Sehnsucht nach etwas anderem als dem jetzigen Zustand entstehen.

Diese innerpsychische Überlastung ist ähnlich dem körperlichen Schmerz als Schmerz der Seele zu verstehen. Dieser übersteigt das Maß der Schmerz- und Frustrationstoleranz und nimmt Züge an, die man sich als physisch und psychisch gesunder Mensch nur schwer vorstellen kann. Betroffene berichten, dass sie ihren Körper nicht mehr spüren, sich wie im Nebel befinden oder sich in Trance fühlen. Diese Wahrnehmungen können Auswirkungen der Überforderung sowie biochemischer Veränderungen im Gehirn sein.

Bereiche des Limbischen Systems im Gehirn (Hippocampus, Amygdala und Hypothalamus) regen in bedrohlichen (oder bedrohlich wirkenden) Situationen durch ihr Zusammenspiel die Ausschüttung bestimmter Botenstoffe (Adrenalin, Noradrenalin, Kortisol und Kortison) in den Nebennieren an, wodurch Sympathisches und Parasympathisches Nervensystem aktiviert werden. Unbewusste Vorgänge, wie Erhöhung der Herzfrequenz, und bewusste Reaktionen, wie Angstwahrnehmung, sind Folgen. Alle Kapazitäten werden nun zur Steuerung des Limbischen Systems und zur Regulierung der aus dem Ruder laufenden Prozesse benötigt. Kognitive Prozesse, die im Präfrontalen Kortex (Großhirn) ablaufen, sind dadurch eingeschränkt. Sätze wie »Ich kann nicht mehr«, »Ich weiß nicht weiter« deuten auf die Überforderung hin. Die Möglichkeiten, für sich und andere sinnvolle Einschätzungen und Bewertungen vorzunehmen, überlegt zu handeln und gezielt, überdacht und ausgewogen zu entscheiden, sind begrenzt.

Planungen und Handlungen können aufgrund der Tunnelhaltung oder der biochemischen Situation im Gehirn nicht mehr bewusst gelenkt werden. Der Druck steigt und impulsive, auch aggressive Reaktionen können entstehen. Eine bereits einmal durchgemachte suizidale Krise hinterlässt aufgrund der abgespeicherten Erfahrung Spuren im Gehirn, so dass bei der nächsten, ähnlich belastenden Situation das Gehirn den Suizid quasi als Lösung anbietet. Dadurch steigt das Risiko einer erneuten suizidalen Entwicklung.

Wenn langfristige Alternativen oder Auswirkungen von veränderten Handlungsweisen in der Zukunft nicht gesehen werden können und Möglichkeiten fehlen, den verengten Blick zu öffnen, wird die suizidale Krise über kurz oder lang die Impuls- und Aggressionskontrolle sprengen. Auch wenn bei Suizidalität oft von »freier Willensentscheidung« gesprochen wird – der akut suizidale Mensch kann nicht mehr frei und bewusstseinsklar entscheiden. Die Prozesse – präzises Denken, Planen, Entscheiden und Handeln – sind gestört.

Bei psychischen Erkrankungen treten suizidale Handlungen in unterschiedlichen Krankheitsphasen auf. Bei einer Schizophrenie, bei der häufig Stimmen gehört werden, kann es zu Suizidalität *in* einer sogenannten »produktiven« Phase, also während eines akuten schizophrenen Schubs, kommen. Bei Depressionen oder Bipolaren Störungen und bei Suchterkrankungen treten Selbsttötungen in der Regel *nach* einer akuten Phase auf, wenn beispielsweise durch eine medikamentöse Behandlung die Antriebslosigkeit und Lethargie überwunden sind. Da die Therapie von Hoffnungslosigkeit und Verzweiflung beziehungsweise die Erarbeitung von Handlungsalternativen oder Gestaltungsmöglichkeiten für die Zukunft eine längere Bearbeitungsdauer braucht, kann die zurückgewonnene Energie in dieser Phase Suizidalität auslösen.

Durch Veränderungen in Körper, Geist und Seele des Menschen wird seine Urkraft, zu überleben, aufgehoben. Im Verlauf einer schweren suizidalen Krise ist es ohne professionelle Hilfe kaum noch möglich, die emotionale beziehungsweise psychische Überforderung zu lenken, die Krise zu steuern, eine Entgleisung zu verhindern und eine Selbsttötung aufzuhalten.

Komplexität der Risikofaktoren

Nach Selbsttötungen hört man häufig solche oder ähnliche Schilderungen: »Er war doch immer so lebensfroh und hilfsbereit. Er war zuverlässig, liebte seine Arbeit, Frau und Kinder. Er hat nie auf einer Party gefehlt. Wie konnte er sich nur umbringen?« Sie zeigen das, was nach außen sichtbar war. Das, was sich dahinter abspielte, was den Suizid begünstigte oder was ihn tatsächlich auslöste, bleibt oft verborgen. Dies zeigt, wie schwierig es ist, suizidale Entwicklungen zu verstehen. Traditionelle Ansichten, wie beispielsweise »Das sind die Starken der Welt, die unter Tränen lachen, eigene Sorgen verbergen und andere glücklich machen«, verhindern zusätzlich, dass das gesehen wird, was einer gesunden Entwicklung entgegenstehen kann. Die Tendenz, Selbsttötungen oberflächliche und willkürliche Zuschreibungen zugrunde zu legen, ist nach einem Suizid häufig zu finden.

Die hier vorgestellten Erklärungsmodelle für Risikofaktoren erheben nicht den Anspruch auf Vollständigkeit oder darauf, allein verantwortlich zu sein bei suizidalen Entwicklungen. Gezeigt wird vielmehr, welchen vielfältigen Störungen wir alle im Verlauf unseres Lebens unterliegen und wie diese unter bestimmten ungünstigen Bedingungen zu suizidalen Krisen führen können. Suizidalität kann somit jeden treffen, wenn zu einem bestimmten Zeitpunkt verschiedene, begünstigende und auslösende Faktoren zusammenkommen. Das Ausmaß einer bestimmten Entwicklung entscheidet über den weiteren Verlauf. Je mehr Risikofaktoren zusammentreffen und je schwerwiegender ihre Ausprägung ist, desto größer ist die Wahrscheinlichkeit, dass starre, unflexible Muster im Denken, Fühlen und Handeln in Kombination mit innerpsychischen und/oder biochemischen Veränderungen zu suizidalen Krisen führen.

Jede suizidale Entwicklung ist aufgrund individueller Einflussfaktoren anders. Bei dem eingangs erwähnten Phänomen von Massensuiziden können genetische Faktoren kaum eine Rolle gespielt haben, in Familien mit Suiziden in mehreren Generationen hingegen schon. Auch andere, nicht besprochene Faktoren können von Bedeutung sein und sicher können nie alle Faktoren gefunden werden. Das ist für das Verständnis von Suizidalität, für das Erkennen von Zusammenhängen und für die Entlastung Suizidtrauernder auch nicht nötig. Aber die von Hinterbliebenen nach Suizid häufig beschriebene Überzeugung Außenstehender, dass lediglich bestimmte Menschen – beispielsweise nur mit psychischen Störungen – sich das Leben nehmen oder dass nur ein bestimmter Auslöser – zum Beispiel der Chef, der Partner, die Trennung, Schulden oder der Tod des Angehörigen – für die suizidale Krise verantwortlich war, ist nicht haltbar.

Bei einer Selbsttötung kommen viele kleine, ungünstige Entwicklungen und Komponenten beim Suizidenten selbst, in seinem Umfeld und seinen Beziehungen zu anderen zusammen. Ansonsten würde jeder Mensch mit finanziellen Problemen, in einer Ehekrise, nach einer Trennung oder bei Arbeitslosigkeit sich das Leben nehmen.

Meine Erfahrung hat gezeigt, dass nach Risikofaktoren zu suchen, die die Selbsttötung begünstigt oder ausgelöst haben können, viele Vorteile hat: Hinterbliebene können sich von schweren Schuldphantasien und Verantwortlichkeit lösen und Erklärungen können gefunden werden, die bestimmten Abläufen einen Sinn geben, so dass sich Grübeln und Phantasieren reduzieren lassen. Pathologische Entwicklungen in der Trauer nach Suizid können so begrenzt werden. Auch wenn nur wenige Aspekte aufgespürt werden, können von Suizid Betroffene Zusammenhänge erkennen und das Geschehene einordnen, um es schließlich zu akzeptieren. Akzeptieren und innere Ruhe finden sind nur schwer möglich, wenn das Erlebte im Dunkeln und nicht nachvollziehbar bleibt.

Suizidaler Verlauf

Den Suizid gibt es nicht. Hinter jedem steht eine ganz individuelle Entwicklung. Eine Selbsttötung ist keine Erkrankung, sondern lediglich ein Symptom beziehungsweise das Ergebnis bestimmter, nicht nur pathologischer Entwicklungen. Ein Suizid kann eine lange Krankheitsgeschichte beenden, er kann aber auch in einer akuten Krise aufgrund nicht kontrollierbarer Reaktionen innerhalb kürzester Zeit im Affekt entstehen. Manche vertreten die Meinung, dass jeder Mensch im Laufe seines Lebens sich mindestens einmal mit Suizidgedanken trägt.

Selbsttötungsgedanken können – bei der Möglichkeit, sich davon zu distanzieren durch die Veränderung von Einstellungen, Weiterentwicklung von Fähigkeiten beziehungsweise der Persönlichkeit oder Abwendung emotionaler Überforderung oder einer psychischen Erkrankung – einmalig auftreten oder immer wiederkehren.

Suizidgedanken betreffen die Vorstellung, wie, mit welchen Methoden oder wann man aus dem Leben scheiden kann. Methoden können überdacht und wieder verworfen werden. Aus entsprechenden Impulsen oder Erinnerungen und Informationen – wie eigene Suizidversuche, miterlebter Suizid bei anderen oder Nutzung entsprechender Internetforen – kann sich ein konkreter Suizidplan innerhalb von Monaten, Wochen oder Tagen entwickeln. Der Entschluss kann auch in kurzer Zeit gefasst werden. Auch Kurzschlusshandlungen liegen – bewusst oder unbewusst getroffene – Ideen zugrunde, zumindest darüber, wie dem Leben ein Ende gesetzt werden kann.

Wenn konkrete Vorbereitungen getroffen werden, ist die suizidale Entwicklung fortgeschritten: Abschiedsbriefe werden verfasst, das Testament geändert und weitere Abläufe festgelegt wie Ort, Zeitpunkt und Methode. Auch Trauerfeier, Beerdigung beziehungsweise Beisetzung können »geplant« werden.

Je nachdem, welche Entwicklungen im Vorfeld stattgefunden und welche Überzeugungen sich verfestigt haben und wie den Impulsen begegnet werden kann, wird sich die Selbsttötung nur auf den Suizidenten auswirken oder auch auf andere. Folgen können, neben Tötung von anderen wie beim erweiterten Suizid, sein, dass andere körperlich verletzt wie auch psychisch außerordentlich belastet werden, durch die Tat selbst oder die Folgen der Selbsttötung beziehungsweise der getroffenen Maßnahmen. Der Aspekt, in welchem psychischen Zustand im Vorfeld des Suizids Entscheidungen getroffen und Entschlüsse gefasst werden, bestimmt, ob Konsequenzen des Handelns bewusst gewählt und detailliert überdacht werden konnten. Der akut suizidale Mensch kann aufgrund seines psychischen Ausnahmezustandes nicht mehr klar erkennen, welche komplexen, schwerwiegenden Folgen seine Handlungen für ihn und für andere haben.

Suizidversuche beziehungsweise Suizide werden aus verschiedenen inneren Beweggründen heraus verübt. Die dahinter liegenden Impulse sind:
- Appel – Manipulation – »Hilfeschrei«,
- Flucht mit Wunsch nach Ende, Ruhe, Schmerzfreiheit,
- Fremdaggression mit Rache, Hass, Wut,
- Autoaggression mit Selbsthass, Selbstbestrafung.

Einige der Impulse können ineinandergreifen, wie Amokläufe mit Tötung anderer und suizidalem Ausgang zeigen.

Vor einem Suizid treten auffallende Veränderungen ein, die von Angehörigen oder anderen, auch von Ärzten, Therapeuten oder Beratern, nicht immer wahrgenommen oder oft nicht folgerichtig gedeutet werden können. Man spricht von den *lauten* und *leisen* Zeichen, die ein Mensch mit suizidalen Impulsen senden kann. Zu den *lauten* Zeichen zählen konkrete Hinweise wie »Wenn du … dann bring ich mich um!« und vage Andeutungen wie »Das hat

alles keinen Sinn mehr!«. Selbst die konkrete Aussage kann in Konfliktsituationen aufgrund der emotionalen Beteiligung oder der Überzeugung beziehungsweise Vorerfahrung, dass nichts passiert, von Angehörigen oder anderen Menschen so aufgenommen und gewertet werden, dass keine angemessene Reaktion erfolgen kann.
Leise Zeichen können sich zeigen als:
- Situative Einengung: Gespräche und Gedanken sind vielfach negativ gefärbt und drehen sich überwiegend um das vermeintlich unlösbare Problem.
- Soziale Rückzugstendenzen: Belastende Beziehungen, Überforderung, somatische Symptome sowie psychische Erkrankungen können zu Krankschreibung, Rückzug von Freunden und anderen Menschen führen. Haus, Wohnung oder Zimmer werden nur noch selten oder nicht mehr verlassen.
- Emotionale Entwicklung: Der aufgestaute emotionale Druck kann aufgrund fehlender Möglichkeiten nicht verbalisiert oder anderweitig abgebaut werden. Durch die Tunneldisposition begünstigte starre Überzeugungen wie »Ich bin ein Versager!« oder »Du bist schuld, dass …« und Aggression gegenüber sich selbst oder andere lassen die Erregung steigen. Bei Leeregefühl, Schmerzen oder Ohnmacht und Hilflosigkeit im Sinne von »Ich kann nichts tun!« sowie Abwehrtendenzen der Flucht mit dem Wunsch nach Ruhe kann die emotionale Belastung nach außen unsichtbar bleiben.

Es folgt ein Hin- und Hergerissen sein in der Ambivalenzphase. Jetzt wechseln sich Momente, in denen sich Suizidimpulse aufdrängen, mit solchen ab, in denen Suizidgedanken noch verworfen werden können. Ist ein Sichdistanzieren nicht möglich, geht die Entwicklung in die Endphase über. Wenn der Entschluss unabwendbar mit Ort, Methode, Zeitpunkt und Ablauf gefasst ist, kehren ungewöhnliche Ruhe und Entspannung ein, die Außenstehende häufig deuten als »Das Problem ist gelöst«. Die emotionale Anspannung wird dabei umgekehrt und auf sich selbst gerichtet (Aggressionsumkehr).

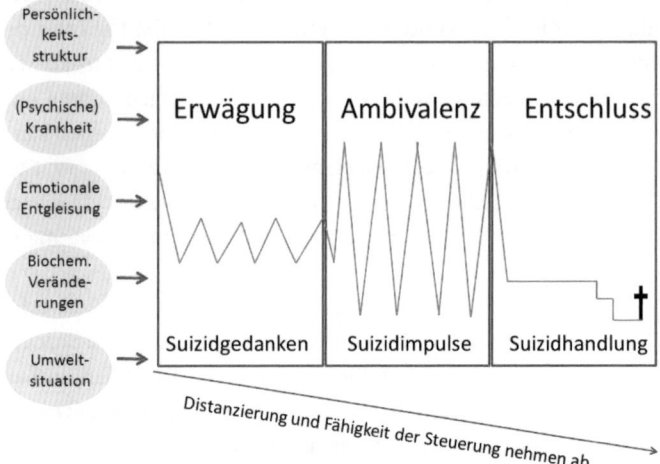

Abbildung 2: Entwicklung Suizidalität (frei nach Pöldinger)

Abbildung 2 zeigt, wie sich die emotionale Belastung im Verlauf der suizidalen Entwicklung verändert.

Akute suizidale Gefahr besteht, wenn jemand
- konkret von Suizidgedanken spricht,
- Suizidpläne (wann, wo und wie) offenbart,
- Mittel (Tabletten, Waffe, Strick u. a.) besorgt,
- Vorbereitungen trifft (Abschiedsbrief etc.),
- plötzlich ganz ruhig und gelassen wird, obwohl er kurz zuvor noch völlig verzweifelt war.

Suizidale Krisen sind aufgrund bestimmter Verhaltensweisen der Betroffenen, wie beispielsweise der Schwierigkeit, sich öffnen und angemessen kommunizieren zu können, nur schwer erkennbar. Deshalb ist die Einschätzung des Suizidrisikos schwierig. Hausärzte nehmen als in der Regel langjährige Vertrauenspersonen bei der Aufdeckung und Einschätzung eines suizidalen Risikos sowie der Abwendung einer Selbstgefährdung, beispielsweise durch Überweisung in ein psychiatrisches Krankenhaus, eine besondere Rolle ein. Ein großer Teil der Menschen, die später durch eine Selbsttötung sterben, sucht in der Woche vor dem Suizid den Hausarzt auf. Da der suizidale Mensch in der Regel Veränderung, einen Sinn, Liebe, Schmerzfreiheit, Wohlergehen, Ruhe und vordergründig nicht den Tod sucht, kann das Erkennen suizidaler Anzeichen Leben retten.

Trauer nach Suizid

Ein Suizid kann viele gegensätzliche Reaktionen auslösen: Schock – Neugier – Abscheu – Faszination. Die Gedanken- und Gefühlswelt von Hinterbliebenen kann sich Außenstehenden offen zeigen, sie kann aber auch verborgen bleiben. Die Belastungen zeigen sich dann durch Veränderungen im Verhalten und/oder im psychischen und körperlichen Befinden.

Ebenso wie nach anderen Todesfällen hängt die Intensität der Trauer nach einem Suizid von den individuellen Möglichkeiten des Hinterbliebenen ab, wie er auf den Verlust reagiert. Sie hängt auch von der Qualität der Beziehung zum Verstorbenen ab und davon, wie die Reaktionen des Umfeldes auf das Ereignis sind. Die Trauer nach einem Suizid hat viele Gesichter. Eine Ursache für das besondere Ausmaß, zu dem die Belastung führen kann, und für die ganz unterschiedlichen Reaktionen Betroffener liegt in den speziellen Umständen, die eine Selbsttötung mit sich bringt:

Art und Weise des Todes

Ein Suizid ist nicht das natürliche Ende eines Alterungs- oder Krankheitsprozesses oder der plötzliche, unabwendbare Tod nach einem Unfall. Er ist scheinbar frei gewählt und ist erst einmal nicht zu erklären. Hinterbliebene fühlen sich häufig verraten, getäuscht, hintergangen. Dadurch kann das persönliche Empfinden von Stabilität, Ordnung, Sicherheit, Vertrauen, Ehrlichkeit, Gerechtigkeit durcheinandergeraten, ja sogar die Beziehung zum Verstorbenen, die Liebe zu ihm kann in Frage gestellt werden. Hinterbliebene können unsicher und ängstlich werden, den Lebensmut verlieren und sich in ihrer Existenz bedroht fühlen. Ihre Wertewelt, ihr Glaube an den Verstorbenen, die Beziehung und ihre Meinung darüber, was das Leben wert ist, sowie ihr Lebenskonzept und der Überlebenswille können durch die Selbsttötung zusammenbrechen.

Situationsbedingte Umstände
Der Betroffene verstirbt in der Regel nicht in einer Klinik und oft nicht zu Hause im Bett, sondern an ungewöhnlichen Orten. Der Verstorbene wird von den nächsten Angehörigen, Freunden oder anderen Menschen aufgefunden. Das Entdecken kann eine Extrembelastung darstellen. Nicht selten wird die Polizei eingeschaltet, um den Vermissten zu suchen. Das Überbringen beziehungsweise Aufnehmen der Todesart kann für Hinterbliebene ebenfalls sehr schwer sein. Auch die Existenz oder Nichtexistenz eines Abschiedsbriefes kann sehr belasten. Außerdem können PC-Verläufe gelöscht und Handy- beziehungsweise SIM-Karte des Verstorbenen nicht auffindbar sein.

Da in der Regel geprüft werden muss, dass kein Fremdverschulden vorliegt, schließen sich polizeiliche Ermittlungen an. Privatsachen des Verstorbenen und sein Leichnam werden von der Staatsanwaltschaft beschlagnahmt und es folgt eine Obduktion. Nach der Freigabe halten traditionelle Bestatter es oft für sinnvoll, den Verstorbenen so in Erinnerung zu behalten, wie Angehörige ihn kannten. Diese müssen sich dann mit Phantasien über sein Aussehen und mögliche Qualen auseinandersetzen, was sie lange Zeit überfordern kann.

Häufig kreisen die Gedanken der Hinterbliebenen um den Suizid, der als grausam und gewaltsam erlebt wird: um die Zeit vor der Selbsttötung und um das Sterben selbst oder um die letzten Stunden, Tage oder Wochen, wenn der Verstorbene vermisst war. Um ihre Qualen zu lindern, verfallen Suizidtrauernde manchmal dem Glauben, dass die Einsichtnahme in polizeiliche Dokumente oder Obduktionsunterlagen Erleichterung bringt. Nicht selten entstehen dadurch neue Probleme der Überforderung und weiteres Leid.

Eine weitere Belastung für Hinterbliebene können die Reaktionen des Umfeldes, von Freunden, Nachbarn, Kollegen und anderen, darstellen. Die Befürchtungen und Hemmungen der Mitmenschen können dadurch ausgelöst werden, dass sie Angst haben, ihre Gedanken und Gefühle nicht kontrollieren zu können, da eine Selbsttötung den inneren Strebungen nach Leben und Überleben widerspricht.

Suizid kann für Außenstehende auch ein Tabuthema sein aufgrund von Überzeugungen, Vorurteilen oder eigenen Familiengeheimnissen. Ihre Einstellung kann durch eine Zeit geprägt worden sein, in der Suizid eine Schande war, oder dadurch, dass sich in ihrer Familie ein Suizidgeheimnis durch die Generationen zieht. Unsicherheiten und Ängste erklären die Reaktionen des Umfeldes, die sie handlungsunfähig und hilflos machen.

Von Hinterbliebenen wird ein Abwenden, Ignorieren oder Ausweichen anderer häufig als Verachtung, Ausgrenzung oder auch Bestätigung eigener Schuldphantasien empfunden, was das schon beschädigte Selbstwertgefühl weiter schwächt. Erschwerend kommt hinzu, dass oft gerade die Menschen – zum Beispiel enge Freunde –, von denen am ehesten Hilfe erwartet wurde, nicht in der Lage sind, Trauernden nach einem Suizid zu begegnen und sie zu entlasten. Viele Suizidtrauernde empfinden, dass ihnen vom Umfeld signalisiert wird, den Verlust möglichst bald zu überwinden und die Trauer zu beenden. Auch dadurch empfinden sie Zurückweisung und Ablehnung. Hinterbliebene fühlen sich dann »falsch«, was ihre Hilflosigkeit und Ohnmacht noch verstärkt.

Qualität und Quantität der Reaktionen

Der Inhalt von Gedanken und die Intensität von Denken und Fühlen können sich nach einer Selbsttötung von der Gefühls- und Gedankenwelt bei anderen Todesarten erheblich unterscheiden. Das kann Folgen für das körperliche und psychische Befinden sowie auf das Verhalten von Betroffenen haben.

Belastende innerpsychische Abläufe und Reaktionen können nach jeder Todesart beobachtet werden, nach Selbsttötungen sind sie oft extremer und bizarrer ausgeprägt und auch häufiger zu sehen.

Emotionen – extrem und chaotisch
Nach einem Suizid kann bei Hinterbliebenen regelrecht ein Gefühlschaos mit zum Teil ganz unterschiedlichen Emotionen ausbrechen. Einzelne emotionale Reaktionen können vorübergehend auftreten, sich mit anderen Gefühlen abwechseln und durch erdrückende Gedanken oder Phantasien verstärkt werden. Die Trauer kann von einer Emotionsqualität vorrangig beherrscht werden wie beispielsweise Schuld. Ansonsten sind jegliche Regungen möglich: Schock – Sehnsucht – Verzweiflung – Wut – Leere, aber auch Dankbarkeit – Erleichterung oder Befreiung. Ein Suizid führt oft zum vorübergehenden Verlust des Selbstwertgefühls. Übermäßig häufig treten plötzlich Ängste auf: Verlustangst, Angst vor Dunkelheit oder dem Alleinsein, Angst, krank oder verrückt zu werden, und Todesängste.

Gedanken – konfus und destruktiv
Ausgelöst und begleitet werden die Gefühle von Zwangsgedanken, Grübelschleifen, Phantasien und immer wieder auftauchenden Fragen, die sich impulsartig aufdrängen können, wie: »Ich bin schuld!« – »Ich habe versäumt.« – »Wieso habe ich nicht bemerkt, dass …?« – »*Warum* hat … das getan?« – »Ich kann mit dieser Schande nicht leben.« – »Wie soll ich mich verhalten?« – »Was soll ich antworten, wenn ich selbst nicht weiß, *warum*?« – »Wie soll ich mit der Schuld leben?«. Wenn die Gedanken ständig kreisen und nicht unterbrochen werden, können Inhalte konfus und wirr werden und zu Alpträumen oder in Ausnahmefällen auch zu pathologischen Wahnvorstellungen führen.

Verhalten – extrem kontrolliert oder nicht steuerbar
Eine Selbsttötung hat häufig auch Auswirkungen auf das Verhalten der Hinterbliebenen. So ist zu beobachten, dass Betroffene leugnen oder bestreiten, dass es ein Suizid war – bewusst, aus Angst vor möglichen Konsequenzen, oder unbewusst, aufgrund emotionaler Überlastung in Form von Schock oder Dissoziation. Suizidtrauernde haben nach einer Selbsttötung häufig das Gefühl, nur

zu funktionieren. Durch die emotionale Belastung ist ihr Bewusstsein eingeengt und sie fühlen sich manchmal von ihren Emotionen, von sich selbst oder vom Leben abgeschnitten. Es fällt ihnen oft schwer, das Verhalten des Verstorbenen, das eigene Verhalten vor dem Ereignis oder das Verhalten anderer nach der Selbsttötung zu akzeptieren.

Hinterbliebene sind mit dem Erlebten häufig so überfordert, dass sie keine Kraft finden für Interessen, die ihnen vor dem Suizid wichtig waren. Sie können plötzlich misstrauisch und vorsichtig werden oder unvermittelt aggressiv reagieren und andere vor den Kopf stoßen. Ihr Selbstvertrauen und die Fähigkeit, Situationen richtig einschätzen zu können, können verloren gehen; sie können mutlos werden und sich nichts mehr zutrauen. Manche beginnen, an ihrer Liebes- und Bindungsfähigkeit zu zweifeln, und es fällt ihnen schwer, sich auf Beziehungen einzulassen.

Andere Suizidtrauernde beginnen sich immer mehr zu verschließen, sie verfallen in Schweigen oder weinen nur noch, so dass ihr Verhalten hilflose Züge annimmt. Sie können sich auch in destruktive Überzeugungen hineinsteigern und an nichts anderes mehr denken und von nichts anderem mehr reden als von Schuld, Versäumnissen, ihrer Verantwortung und so weiter.

Außerdem können Hinterbliebene plötzlich hyperaktiv reagieren, sich in Arbeit oder andere Aktivitäten stürzen oder sich auch – der Situation entsprechend unnatürlich – überfröhlich geben, um belastende Gedanken und Emotionen abzuschütteln.

Psyche und Körper – überfordert und erschöpft
Sich immer wieder aufdrängende Gedanken und nicht steuerbare Emotionen können bei Hinterbliebenen zu einer Tunnelhaltung und Einengung sowie psychischen Störungen führen. Sehr häufig treten nach einem Suizid Anpassungsstörungen, Depressionen, Angststörungen oder Traumatisierungen auf.

Nach einem Suizid können auch Wahrnehmungsstörungen und körperliche Beeinträchtigungen entstehen wie innere Unruhe, Schwitzen, Zittern, Schwindelgefühl, Kurzatmigkeit, Herzrasen, Beklemmungsgefühl in der Herzgegend, zugeschnürte Kehle, Schwächeattacken, Blutdruckschwankungen, Schlaflosigkeit, Müdigkeit, Konzentrations- und Aufmerksamkeitsstörungen, Erschöpfung, Muskelschwäche, Überempfindlichkeit, Gereiztheit, verminderte Leistungsfähigkeit, veränderter Appetit, Gewichtsabnahme oder -zunahme, ein verändertes Zeitempfinden.

Wie in jeder Trauer, durchlaufen auch Suizidtrauernde bestimmte Phasen, wie Verena Kast (1982) sie beschrieben hat. Die Trauer nach einem Suizid läuft oft verzögert ab. Sie kann stagnieren oder pathologisch werden. Dies ist abhängig davon, welche Tötungsmethode der Verstorbene wählte, ob der Hinterbliebene den Toten selbst gefunden hat oder wie ihm die Todesnachricht übermittelt wurde; wie das Aussehen des Toten beim Auffinden war und ob der Trauernde den Verstorbenen vor der Bestattung verabschieden konnte. Auch das Verhältnis zwischen Trauerndem und Verstorbenem, wie sie zueinander standen (Mann – Frau, Mutter – Sohn usw.), spielt eine Rolle.

Des Weiteren hat Einfluss auf die Trauer, ob und welche Nachricht(en) der Verstorbene hinterlassen hat; wie das soziale Umfeld nach dem Suizid reagiert (Schuldzuweisungen); aber auch, wie die eigenen Werte, Überzeugungen und Glaubensmuster sind (Gedanken von Schuld oder Überzeugung »So etwas tut man nicht«) und wie die persönlichen Konfliktbewältigungsmuster beziehungsweise Verarbeitungsmöglichkeiten aussehen (Unterstützung suchen/sich zurückziehen).

Pathologische Entwicklungen in der Trauer können sich zeigen, indem Hinterbliebene zuerst intensive, später auch alltägliche Kontakte als so belastend erleben, dass sie sich mehr und mehr zurückziehen; überängstliche und zwanghafte Verhaltensweisen zeigen oder unvermittelt zu bizarrem Verhalten neigen; nicht mehr aufstehen oder sich anziehen. Sie können beginnen, mehrmals täglich zum Friedhof zu gehen, oder sich weigern, den Friedhof zu verlassen. Es ist auch möglich, dass sie nur noch in einer Phantasiewelt leben.

Wenn die Selbsttötung zur psychischen oder physischen Überforderung geführt hat, sind Betroffene immer weniger in der Lage, ihren bisherigen Aufgaben nachzugehen, und sie werden arbeitsunfähig.

Zwei weitere Tendenzen sind in der Trauer nach Suizid zu beobachten. Nach einer Selbsttötung kann es bei Hinterbliebenen zu dem sogenannten *Nachsterbewunsch* kommen. Betroffene können sich nicht an die neue Wirklichkeit anpassen und wollen dem Verstorbenen folgen. Sie wollen sich nicht mit dem Verlust abfinden und mit dem Geschehen auseinandersetzen. Der einzige Wunsch ist der, wieder mit dem Verstorbenen vereint zu sein. Liebe und Verlustschmerz und Sehnsucht sind so groß, dass die Trennung scheinbar nicht ausgehalten werden kann. Der Trauernde schaut in seinem Denken und Handeln unablässig auf den Verstorbenen.

Diese Impulse sind von *suizidalen Entwicklungen* in der Trauer zu unterscheiden. Dabei kann der Hinterbliebene nicht mehr klar abgrenzen, welchen Sinn sein Leben hat, welche Aufgaben und welche Menschen auf ihn warten, ihn lieben und auch für ihn da sind. Aus dem anfänglichen Wunsch, dem Verstorbenen zu folgen, können sich auch suizidale Krisen entwickeln.

Betroffene können sich dann von ihren belastenden Gedanken, Bildern und Emotionen nicht distanzieren und die psychische Überforderung nicht abwenden. Es kann zu schweren Selbstvorwürfen, Selbstbeschuldigungen, zu Widerstand und Verweigerung sowie zu selbstschädigendem Verhalten kommen. Auch Tabletten-, Alkohol- oder Drogenmissbrauch oder Ablehnung von Nahrung, Flüssigkeit oder Medikamenten können Ausdruck von Autoaggression im Sinne von suizidalen Tendenzen sein. In der Regel kommt es zu schweren Schlafstörungen und die Kontakte zu anderen werden eingeschränkt oder abgebrochen. Wie sich Menschen in suizidalen Krisen fühlen, zeigen die Bilder in Abbildung 3 eindrucksvoll.

Hinter konkreten Suizidgedanken verbergen sich Strebungen, die mit dem unabwendbaren Wunsch nach Veränderung der bestehenden belastenden Situation und der Suche nach Ruhe, Harmonie, Frieden und Erlösung in Verbindung stehen. Der Blick ist hier auf die eigene Person gerichtet. Beide Strebungen können vorübergehend oder länger anhaltend auftreten.

 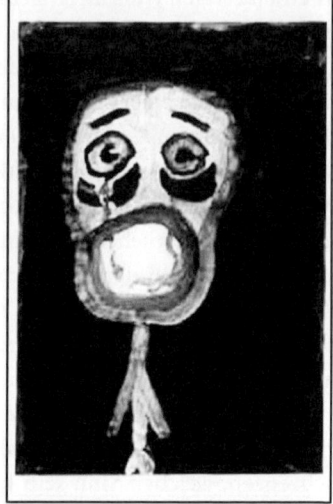

Abbildung 3: Bilder, gezeichnet von depressiv-suizidalen Menschen
(© H. J. Möller)

Um Trauerreaktionen von *pathologischen Entwicklungen* abgrenzen zu können, sollte beachtet werden, dass mit großer Wahrscheinlichkeit die Trauer entgleist, wenn Symptome vom Betroffenen nicht nur als sehr quälend, erlebt werden, sondern wenn er das Gefühl hat, sie nicht abschütteln, steuern oder kontrollieren zu können; wenn sich panische Angst, andauernde Weinkrämpfe, zwanghafte Impulse, schwere Schuldideen oder Gefühle von Wertlosigkeit regelrecht aufdrängen und den Trauernden beherrschen; wenn das Gefühl besteht, die aktuelle Situation verändern zu wollen und nicht zu können, und wenn es zu extremer Hilflosigkeit oder Ohnmacht, Gleichgültigkeit und Apathie, völliger Verzweiflung und Vernachlässigung oder Suizidgedanken kommt.

Das Risiko, an einer psychischen Störung zu erkranken beziehungsweise dass sich suizidale Entwicklungen einstellen, ist in der Trauer nach Suizid erhöht. Diese Aspekte beeinflussen den Trauerprozess nach einer Selbsttötung, so dass in der Begleitung oft zusätzliche Unterstützungsmaßnahmen notwendig werden.

Eine besondere Bedeutung können *Abschiedsbriefe* für Hinterbliebene haben. In den Briefen zeigt sich häufig die psychische Überforderung beziehungsweise die Phase – beispielsweise der Ambivalenz oder der eingetretenen Ruhe –, in der die Nachricht verfasst wurde. Außerdem können anhand des Textes das Ergebnis der Prozesse aus Tunnelhaltung und emotionaler Entgleisung oder dahinterstehende Impulse und mögliche Motive deutlich werden. Der Inhalt – wie es die nachfolgenden Sätze zeigen – kann entlasten oder zusätzlich zum Verlust belasten: »Ich kann das nicht mehr aushalten.« – »Ich sehe keinen Ausweg mehr.« – »Ich weiß nicht mehr weiter.« – »Ich will und kann nicht mehr.« – »Niemand kann mir helfen.« – »Ich will endlich meine Ruhe.« – »Ich bin es nicht wert, weiterzuleben.« – »Ich habe alles falsch gemacht.« – »Du hast etwas Besseres verdient als mich.« – »Ich muss es tun.« – »Jetzt ist Schluss.« – »Ich komme wieder.« – »Der Atem meiner Rache wird Dich begleiten.« – »Ich denk an Euch.« – »Ich liebe Euch.« – »Ich danke Euch.«

Wenn Hinterbliebene keine Nachricht finden, fehlt ihnen häufig ein letztes Wort als Abschied oder ein Hinweis auf das Motiv. Wenn Hinterbliebene mit den Qualen, eingeschränkten Denkmustern oder Schuldzuweisungen konfrontiert werden, wünschen sie sich mitunter, sie hätten diese Zeilen nie gelesen.

Trauerreaktionen nach einem Suizid zeigen sich bei jedem Menschen, in jedem Lebensalter und in jeder Trauerphase in unterschiedlicher Qualität und Quantität. So ist in der Praxis häufig zu sehen, dass es Männern schwerer fällt als Frauen, ihre Trauer zu spüren und mit anderen Menschen darüber zu reden. Auch wird von Betroffenen nach einem Suizid berichtet, dass jedes Familienmitglied ganz unterschiedlich reagiert, um mit dem Geschehenen klarzukommen. Die Mutter hat vielleicht Schuldgefühle, der Vater spürt gar nichts, ein Kind ist wütend und aggressiv und das andere ist extrem traurig und ruhig.

In der *Trauer von Kindern und Jugendlichen* kann erschwerend hinzukommen, dass sie Worte oder Reaktionen der Bezugspersonen oder das Geschehen aufgrund ihres Reifegrades nicht verstehen und einordnen können. Häufig werden Kinder von Bezugspersonen geschont, weil diese glauben, dass sie das Geschehen noch nicht verstehen können. Erwachsene versuchen mitunter nach außen hin so zu tun, als sei alles in Ordnung. Wenn Kinder oder Jugendliche aufgrund ihrer Spiegelneuronen dann emotionale Belastungen der Eltern wahrnehmen, die Äußerungen der Erwachsenen aber keine Schlüsse auf das Geschehen zulassen, kann das Kinder extrem überfordern.

Häufig sind Bezugspersonen in ihrer eigenen Trauer so gefangen, dass es ihnen unmöglich ist, auch noch Kraft für die Trauer ihrer Kinder aufzubringen. Manchmal verschließen sich Kinder oder Jugendliche, so dass Bezugspersonen glauben, es lasse sie kalt. Kinder können dem Glauben verfallen, wenn sie die Belastung der Eltern bemerken, dass sie diese mit ihren eigenen Problemen nicht zusätzlich belasten können.

Viele Kinder oder Jugendliche sind so enttäuscht, wütend, verletzt, getroffen vom Suizid oder Schuldzuweisungen – da sie diese als objektiv gültig bewerten –, dass sie Angst haben und sich verantwortlich fühlen, so dass Schuldgefühle und andere innerpsychische Belastungen sich in aggressivem oder aufsässigem Verhalten zeigen können.

Eltern wissen nach einem Suizid häufig nicht, wie sie ihre Gedanken und Gefühle steuern sollen, und noch schwerer fällt es ihnen, sich in ihre Kinder einzufühlen. Denn Kinder empfinden und reagieren anders, als Erwachsene es erwarten. Die Verwirrung für hinterbliebene Mütter oder Väter ist mitunter immens hoch. Die erlebte Unfähigkeit, Emotionen und Gedanken ihrer Kinder nachempfinden und auf ihr Verhalten angemessen zu reagieren, treibt Eltern manchmal in Hilflosigkeit und Verzweiflung. Es können zur eigenen Krise weitere Konflikte entstehen, in denen Eltern, Elternteil und Kinder gegeneinander agieren, obwohl alle Beteiligten sich – auch wenn es ihnen nicht immer bewusst ist – nichts sehnlicher wünschen als Zusammenhalt, Liebe und Verständnis nach dem Verlust.

Suizid und Trauer konkret

In den nachfolgenden Fallbeispielen von Suizid und betroffenen Suizidtrauernden fällt auf, dass es vielen der Verstorbenen aufgrund der verschiedensten Ursachen schwerfiel, sich zu öffnen und über ihre Probleme und Gefühle zu reden, ihre emotionalen Reaktionen angemessen zu zeigen und zu regulieren sowie ihr Selbstwertgefühl in schwierigen Situationen zu stabilisieren. Sie waren nicht in der Lage, ihr »wahres« Ich erkennen zu lassen, aus Angst, dass andere von ihnen enttäuscht sein könnten, dass sie andere damit verletzen oder belasten oder dass diese sich abwenden könnten.

Außerdem war es für Verstorbene teilweise schwierig oder unmöglich, sich auf Veränderungen einzustellen und sie anzunehmen, Alternativen zu sehen und nach Lösungen zu suchen, um Unterstützung zu bitten und Hilfe anzunehmen. Die Beispiele zeigen auch, wie schwer es ist, beispielsweise hinter Befürchtungen und vermeintlich eintretenden bedrohlichen Katastrophen oder extremen Verhaltensweisen der Verstorbenen, etwa emotionalen Ausbrüchen, Denkfehler oder pathologische Veränderungen zu sehen.

Die Praxisbeispiele verdeutlichen die Auswirkungen ungünstiger Denk- und Verhaltensweisen aufgrund möglicher biochemischer Veränderungen im Gehirn beziehungsweise psychischer Störungen, extremer psychischer Belastung sowie des Schmerzes, den Betroffene nicht länger aushalten konnten.

Außerdem ist zu sehen, wie Systeme (Familien, Paarbeziehungen) vor dem Suizid versuchten, sich selbst zu stabilisieren, beispielsweise, indem der Partner die Verantwortung für den anderen übernahm oder indem nach dem Tod Lücken im System versucht wurden zu füllen durch die Übernahme neuer Aufgaben, Rollen oder Verantwortlichkeiten.

Die Fälle zeigen, wie Hinterbliebene rückblickend versuchen, Signale des Verstorbenen zu deuten, Motive und Ursachen zu finden. Es wird eindrucksvoll deutlich, wie sie jahrelang versuchten, Betroffene zu unterstützen, aber auch, wie sie entweder zurückgewiesen oder um Hilfe gebeten wurden und dass dennoch die Selbsttötung nicht verhindert werden konnte.

Die Reaktionen Hinterbliebener nach einem Suizid werden ebenfalls sichtbar. Sie wurden damit konfrontiert, dass der Verstorbene nicht nur der war, den sie kannten, sondern dass er auch noch eine andere Seite hatte, die er nicht zeigen konnte.

Die Praxisfälle geben einen Einblick in die Unterschiedlichkeit suizidaler Entwicklungen und in die Vielfältigkeit der Faktoren, die den jeweiligen Suizid begünstigt oder ausgelöst haben. Gleichzeitig ist erkennbar, wie schwierig es für Angehörige, ja selbst für Fachkräfte ist, das suizidale Risiko zu erkennen und situationsgerecht einschätzen zu können. Es zeigt sich auch, dass – gesetzlich vorgeschriebene – Schritte zum Schutz suizidaler Menschen sich gegen sie wenden können, wenn das Ausmaß von Druck und Zwang die Toleranz von Betroffenen so übersteigt, dass sie die dadurch ausgelöste psychische Belastung nicht aushalten können.

Die Geschichten wurden von betroffenen Hinterbliebenen nach einer Selbsttötung, die ich im Einzel- oder Gruppenkontext in der Praxis begleitet habe, beigesteuert. Erschreckend ist, dass in zwei der vorgestellten neun Suizidfälle Bausätze zur Intoxikation mit Kohlenmonoxid aus Internetshops eingesetzt wurden.

Vergleicht man im Zeitraum von fünf Jahren (2008 bis 2012) die Suizide in der von mir betreuten Region insgesamt mit der Anzahl von Selbsttötungen, bei denen Hinterbliebene das von mir geleitete Gruppenangebot nach Suizid wahrnahmen, haben in 26 Prozent der Fälle Angehörige diese spezifische Trauergruppe aufgesucht. Bei den verstorbenen Menschen fanden sich etwa viermal so viele Männer wie Frauen. Das Alter der in der Gruppe betrauerten Menschen lag zwischen 19 und 63 Jahren. Die Hinterbliebenen waren zwischen 19 und 76 Jahren alt. Die Verweildauer der Suizidtrauernden in der Gruppe lag bei 12 bis 24 Monaten.

Fallbeispiele Suizid

Der suizidale Verlauf wird in den ersten acht Fallbeispielen unkommentiert vorgestellt. Anhand des neunten Beispiels kann die Fähigkeit geschult werden, individuelle Entwicklungen oder Störungen, die zum Suizid geführt haben, zu erkennen. Dieses Vorgehen kann helfen, die Komplexität der Risiko- und Einflussfaktoren sichtbar zu machen, um einseitige Bewertungen oder Verurteilungen zu begrenzen, um Hinterbliebene emotional zu entlasten und sie angemessen begleiten zu können.

So etwas mache ich nicht, auf gar keinen Fall
(Fallbeispiel 1)

1997 lernte ich M. kennen. Er hat mich von Anfang an abgöttisch geliebt und alles für mich getan. Aufgrund der Erfahrungen in der vorhergehenden Beziehung wollte ich mich nie wieder verletzen lassen, aber auch andere nicht verletzen. Ich wusste, wie weh das tut. So nahm das Schicksal seinen Lauf. Ich befand mich wie in einem »Hamsterrad« und die Jahre gingen dahin. Wir bauten ein Haus, heirateten und ich sagte mir: »So muss es jetzt laufen, sei mit dem glücklich, was du hast.«

Ich war mir von Anfang an nicht sicher, ob ich M. wirklich liebe. Da wir leider vor der Hochzeit nicht zusammen gewohnt hatten, lernte ich M. erst während der Ehe richtig kennen. Mir wurde erst spät bewusst, wie unsicher M. war und dass immer das getan wurde, was ich sagte. Es kam mir so vor, als hätte M. nur mich gesehen.

Er war ein lieber Mensch, aber manchmal war er mir unheimlich. M. hat mir fast Angst gemacht, wenn er seine Gefühle nicht unter Kontrolle hatte. Dennoch versuchte ich, alles bestmöglich hinzubekommen, auch wenn ich wusste, dass ich nicht wirklich glücklich bin. Auch Reden konnte M. nicht mit mir. Wenn ihn etwas bedrückte, schrieb er Briefe an mich. Wenn ich ihn darauf ansprach, wich er aus. Oft kam mir der Gedanke, dass in seiner Kindheit etwas vorgefallen sein muss oder dass es an der Erziehung der Eltern lag. Ich hatte das Gefühl, dass es da immer an Herzlichkeit fehlte. Ich glaube, während all der Jahre habe ich nicht einmal erlebt, dass man sich in der Familie von M. in den Arm genommen hat.

Im Februar 2007 änderte sich mein Leben. Ich traf meine Jugendliebe wieder. Plötzlich war ich ganz klar im Kopf. Es machte einfach klick. Ich wollte so nicht mehr leben. Ich wollte wieder glücklich sein, und das an jedem Tag. Ich habe M. gegenüber von Anfang an mit offenen Karten gespielt. Er hat daraufhin versucht, zu kämpfen. Irgendwann hat er jedoch eingesehen, dass es kein Zurück gibt. Er erklärte sich einverstanden, dass wir uns im gegenseitigen Einvernehmen trennen.

Am 4. August 2007 haben M. und ich das letzte Mal miteinander gesprochen. Es schien, als sei er ganz klar. Wir hatten ein gutes Gespräch. Ich war positiv gestimmt und dachte: »Das bekommen wir hin.« Er sagte immer wieder: »Es ist gut so, wie es ist, und irgendwie wird es weitergehen.« Wir waren uns einig, dass wir am nächsten Tag Eltern und Geschwister über unsere Trennung informieren wollten. Wir besprachen auch, dass ich an diesem Abend zum Geburtstag meines Patenkinds gehe. M. wollte zu seinen Freunden gehen, die ihn eingeladen hatten. Bei M.s Freunden hatte ich immer den Eindruck, dass sie ihn nicht für voll nehmen, ihn aber für ihre Angelegenheiten, die sie erledigt haben wollten, ausnutzten, denn er war handwerklich ein Ass.

Bevor ich zum Geburtstag fuhr, nahm M. mich in den Arm und verabschiedete mich mit den Worten: »Pass gut auf dich auf, ich hab dich lieb!« Ich habe bereits an diesem Abend meine Schwester eingeweiht. Den ganzen Abend hatte ich ein unerklärliches ungutes Gefühl. In dieser Nacht kam ich spät nach Hause. M. war nicht da und kam auch bis zum anderen Morgen nicht. Am nächsten Tag musste ich erfahren, dass, während ich im Schlafzimmer an das Schlimmste dachte, sich M. in der Nacht in unserem Haus erhängt hatte.

Wochen vor seinem Tod muss er alles genau geplant und vorbereitet haben. Ich hatte während dieser Zeit oft Angst um ihn, da ich gespürt habe, in welche Richtung es gehen könnte. Er hat aber immer wieder gesagt: »So etwas mache ich nicht. Auf gar keinen Fall!« Er war halt auch ein guter Schauspieler und ich glaubte ihm.

Einzelheiten zu seinem Tod sind mir – zum Glück? – nicht bekannt. Ich weiß nur, dass er auch das mehr als korrekt gemacht hat. Er hat nicht gelitten, was mir ein Trost ist. Er hinterließ einen Abschiedsbrief für mich und einen für seine Eltern. Den an seine Eltern hat er wohl bewusst zweimal geschrieben und einen davon an einer Stelle hinterlassen, an der ich ihn finden musste. So las ich ein paar Wochen später auch diesen Brief, für den ich dankbar bin. Denn er zeigte mir, dass ich mit meinen Vermutungen bezüglich seines Elternhauses richtig lag.

Alles änderte sich, praktisch von heute auf morgen
(Fallbeispiel 2)

Rainer war 27 Jahre alt, als er sich entschied, sein Leben zu beenden. Ich als Lebensgefährtin seines Vaters war die sogenannte »böse Stiefmutter«, wie Rainer und ich aus Spaß immer sagten.

Im Vorfeld ist uns, Familie und langjähriger Freundin, aufgefallen, dass Rainer sich in den letzten zwölf Monaten immer mehr zurückzog. Er suchte nicht mehr den direkten Kontakt zu seiner Familie. Früher hat er morgens vor der Arbeit mit uns Kaffee getrunken, nach der Arbeit blieb er gern, um zu reden und vom Mittagessen zu naschen. Das alles änderte sich, praktisch von heute auf morgen.

Auf unsere Fragen antworte Rainer immer, dass alles in Ordnung sei. Er sei nur müde von der Arbeit und wolle einfach abends seine Ruhe haben. Nach mehreren Versuchen, mit ihm zu reden, haben wir das akzeptiert. Noch heute quält uns die Frage, ob wir nicht hartnäckig genug waren.

Was mich in den Jahren, die ich mit Rainer verbracht habe, gequält und beschäftigt hat, war die Beziehung zu seiner Mutter. Er hatte seit Jahren keinen Kontakt zu ihr und vor allem hatte er kein gutes Wort für sie übrig. Rainer hatte für seine Mutter nur noch einen Vornamen. Das schlechte Verhältnis zu ihr und seine Kindheit, in der er sich wahrscheinlich nach Mutterliebe sehnte, haben sicher dazu beigetragen, dass sein Gefühlsleben ein einziges Chaos war. Ich hatte immer das Gefühl, dass er sich nach einer Mutter sehnte, die für ihn da war, auf die er zählen konnte und die stolz auf ihn war. Rainer fiel es dadurch schwer, Gefühle zuzulassen oder seine Liebe nur einem Menschen zu geben. Er hatte scheinbar auch Bindungsängste, wollte nichts Endgültiges. Seine langjährige Freundin zog ein und direkt wieder aus. Er war innerlich sehr zerrissen.

Nach seinem Tod haben wir erfahren, dass Rainer Vater geworden wäre. Er führte seit zwei Jahren ein Doppelleben, von dem keiner etwas wusste. Rainer hatte eine weitere Freundin, die ein Kind erwartete. Er hatte immer gesagt, dass er nie Kinder haben möchte. Er hatte wohl Angst davor, dass er ihnen nicht gerecht werden kann oder aber dass die Fehler seiner Mutter wiederholt werden. Vielleicht glaubte er auch, dass er ein Kind nicht lieben könnte.

Leider war Rainer nicht der Mensch, der mit anderen Menschen über seine Probleme reden konnte oder der sich Hilfe geholt hätte. In seiner Kindheit hat er sich gegen Ungerechtigkeiten aufgelehnt und wurde umso härter bestraft. Er konnte nicht lernen, anderen zu vertrauen und sich anderen anzuvertrauen. Rainer hat alles mit sich selbst ausgemacht und ist daran zerbrochen. Er hatte wohl auch Angst, uns zu sagen, dass es eine andere Frau gibt, die ein Kind von ihm erwartet. Diese Situation war anscheinend zu viel für ihn. Er hat keinen Ausweg mehr gesehen. Er wollte unsere Hilfe leider nicht.

So konnte man es Rainer nicht ansehen, wenn er Probleme hatte. Es schien immer, als hätte er sein Leben im Griff. Er war immer für Familie und Freunde da. Rainer war hilfsbereit und liebevoll im Umgang mit der Familie. Uns begleiten manchmal Schuldgefühle, da wir nicht zu ihm durchdringen konnten.

Im September hat Rainer alles vorbereitet, um sich im Oktober 2011 mit Kohlenmonoxid zu vergiften. Er kam an diesem Tag nicht zur Arbeit. Wir machten uns alle Sorgen und haben nach ihm gesucht. Wir haben Krankenhäuser angerufen und waren bei der

Kripo. Am Abend haben wir ihn dann im einzigen Lagerraum, in dem wir nicht gesucht hatten, gefunden.

Wir suchten immer weiter und riefen seinen Namen
(Fallbeispiel 3)

Mein Mann war ein sehr ruhiger und eher zurückhaltender Mensch. Seinen Beruf hat er leidenschaftlich gern ausgeübt. Er war mit großem Fleiß und Engagement Maurer. Selbst an seinen Urlaubstagen oder an Wochenenden ist er dieser Tätigkeit zum Beispiel mit Ideen für unseren Garten nachgegangen. Franz-Josef musste aufgrund von Insolvenz dreimal die Firma wechseln. In seiner letzten Firma hatte er einen befristeten Arbeitsvertrag. 2007, drei Tage bevor dieser in einen unbefristeten Vertrag umgewandelt werden sollte, erhielt mein Mann einen Brief von seinem Arbeitgeber. Ohne dass man zuvor mit Franz-Josef gesprochen hätte, teilte man ihm mit, dass er gekündigt sei.

Der plötzliche Arbeitsplatzverlust war für Franz-Josef ein harter Schlag. Er hat sich daraufhin bei mehreren Arbeitgebern beworben, um schnell wieder eine neue Arbeitsstelle zu finden. Er wirkte sehr betroffen und traurig, aber er hat nicht mit mir über seine Gefühle gesprochen.

Mit Franz-Josef über Probleme oder seine Gefühle zu sprechen, war in unserer Beziehung ein schwieriges Thema. Wenn ich ihn gefragt habe, was ihn beschäftigt, ist er mir ausgewichen und hat mich beruhigt: »Es ist nicht so schlimm.« Ich hatte das Gefühl, dass er jeglichen Problemen aus dem Weg gehen wollte, um mir keinen Kummer zu bereiten. Das war das Einzige, was mich in unserer Ehe störte.

Auch über seine Kindheit hat Franz-Josef nicht viel erzählt. Er wuchs als sechstes von acht Kindern auf einem Bauernhof auf. Ich hatte den Eindruck, dass es kaum feste Aufgaben oder Grenzen gab und dass über Probleme eher weniger gesprochen wurde.

Zehn Tage nach seiner Kündigung war morgens bei uns der gleiche Ablauf wie jeden Tag, dachten wir zumindest. Wir saßen gemeinsam mit unseren Töchtern beim Frühstück. Unser Sohn hatte seinen ersten freien Tag in den Sommerferien und konnte länger schlafen. Wie es oft morgens war, ist auch an diesem Morgen jeder in seinen »Stress« verfallen: schnell frühstücken, fertig machen und dann schnell zur Arbeit. Als ich mittags nach der Arbeit das Mittagessen zubereitet hatte, fragte ich mich das erste Mal: »Wo ist Franz-Josef?« Es war nicht seine Art, wenn es später wurde, nicht Bescheid zu sagen. Er war stets zuverlässig und es war ein absolut untypisches Verhalten, das ich noch nicht von ihm kannte. Unser Sohn teilte mir dann mit, dass Franz-Josef mit dem Fahrrad unterwegs sei. Ich vermutete, dass er seinen Vater gesucht hatte, aber das war nicht der Fall. Ich machte mir Sorgen, dass ihm etwas passiert sei. Es wurde immer später. Ich versuchte immer wieder ihn auf seinem Handy zu erreichen, aber er ging nicht dran. Die Angst wurde immer größer. Mittlerweile waren unsere Töchter von der Arbeit wiedergekommen und wir begannen Franz-Josef zu suchen. Wir dachten, dass er vielleicht mit dem Fahrrad gestürzt ist.

Gegen 16.30 Uhr verständigten wir dann die Polizei. Sie reagierten ziemlich schnell und unterstützten unsere Suche. Es fühlte sich alles nicht real an. Es war wie in einem Traum, aus dem ich irgendwann wieder aufwachen würde und alles wäre wieder gut. Gegen 18 Uhr unterstützten uns enge Freunde und die Freunde unserer Töchter, Franz-Josef zu suchen. Wir liefen durch Wälder und sind Wege abgefahren, überall da, wo wir hofften, ihn zu finden. Die Polizei ortete dann sein Handy in der Nähe des Grenzübergangs nach Holland, der sich in unmittelbarer Nähe von uns befindet. Wir suchten immer weiter und riefen seinen Namen, immer in der Hoffnung, bald ein Lebenszeichen von Franz-Josef zu hören. Später entschieden wir, uns aufzuteilen: Einer besetzte zu Hause das Telefon und die anderen suchten weiter. Es wurde immer später. Gegen 5 Uhr am nächsten Morgen waren alle so erschöpft, dass wir erst einmal nach Hause fuhren. Zu Hause legte ich mich auf die Couch mit der Hoffnung, dass Franz-Josef endlich nach Hause kommt. Aber er kam nicht.

Gegen 7 Uhr kamen dann unsere Freunde und später auch die Polizei wieder. Sie wollten nun das ganze Haus und das Grundstück sehen. Während sie alles absuchten, war der Freund einer unserer Töchter im Garten zum Rauchen. Ihm fiel auf, dass die Tür des Dachbodens der Garage anders als sonst geschlossen war. Er wollte nachsehen und stieg auf der Leiter nach oben. Es war gegen 10 Uhr, als er Franz-Josef dort fand.

Ich befand mich zu dieser Zeit im Wohnzimmer. Als mein Schwager hereinkam und mir sagte, »Franz-Josef lebt nicht mehr«, konnte ich mir das nicht vorstellen. Und zitternd vor Angst konnte ich nur sagen: »Nein, das kann gar nicht sein!« Meine drei Kinder und ich nahmen uns in die Arme. Es war ein Schmerz, der uns da traf, der nicht zu beschreiben ist. Wir hatten schlagartig – ohne zu wissen, warum – den Ehemann beziehungsweise Vater verloren und es fühlte sich so leer an, wir waren so erschöpft und so enttäuscht. Franz-Josef hatte mit 45 Jahren entschieden, sich das Leben zu nehmen. Er ließ mich und unsere drei Kinder im Alter von 21, 18 und 14 Jahren allein zurück.

Bis zur Beerdigung und auch danach haben wir lange Zeit vor allem funktioniert, ohne dass die Dinge bewusst an uns herangekommen wären. Wir waren lange ganz stark geprägt von dem Gefühl, nach der geliebten Person suchen zu müssen, und es hat sehr lange gedauert, bis dieses Gefühl langsam verschwand.

Ich passe von oben auf Euch auf
(Fallbeispiel 4)

Guido war ein aufgewecktes Kind, sportlich, intelligent, der das Gymnasium nicht zu Ende brachte, weil er glaubte, eh schon alles zu wissen. Doch er war auch sehr sensibel. Er begann dann eine Lehre zum Radio- und Fernsehtechniker. Die Schule und Sport fielen ihm leicht, doch Veränderungen in seinem Leben konnte er nur schwer annehmen.

Sein erster Zusammenbruch 1990 führte dazu, dass er die Ausbildung nicht zu Ende bringen konnte. Seine Freundin hatte ihn mit seinem Freund betrogen. Guido war immer ein Aufrichtiger und Ehrlicher, der immer an das Gute im Menschen glaubte. Deshalb hat ihn dieses Erlebnis derart aus dem Tritt gebracht, dass eine

Einweisung in die Psychiatrie unumgänglich war. Es wurde bei ihm eine schwere Depression diagnostiziert. Von da an war er in ständiger ärztlicher Betreuung. Er war damals 18 Jahre alt.

Guido wurde zunehmend antriebsloser, hatte Schlafstörungen und zog sich von sozialen Kontakten immer mehr zurück. Außer Fußball hatte er kaum noch Interessen. Und Medikamente gehörten nun zu seinem Leben. Morgens Medikamente, um die Müdigkeit und Antriebslosigkeit zu überwinden, und abends Medikamente gegen die Schlaflosigkeit. Die Therapien und Untersuchungen wechselten ständig: Lichttherapie, Kur, Schlaflabor, Gehirnuntersuchung im CT und anderes mehr. Er war ständig auf der Suche nach der Ursache seiner Depression. Auch hatte er Angst, die Medikamente könnten Leber oder andere Organe schädigen. Er fragte immer wieder: »Wie und wo kann ich Hilfe bekommen?« Die ständigen Suizidgedanken waren für ihn wie Schmerzen.

Freunde und Bekannte konnten ihn nur zum Teil verstehen. Freundinnen sahen mit ihm oft keine Zukunft, deshalb zerbrachen die Beziehungen. Doch Guido wollte auch nach der Trennung immer der gute Freund bleiben.

Als Guido bei einer Bank im Archiv arbeitete und er sich vorübergehend in einer Reha-Maßnahme befand, wurde das Archiv digitalisiert. Sein Arbeitsplatz drohte wegzufallen. Es wurde ihm eine Umschulung angeboten, doch letztendlich kam es zum Aufhebungsvertrag. Gleichzeitig wurde ihm aufgrund seiner Depression die Erwerbsunfähigkeit zuerkannt.

Während dieser Probleme 2009 hatte er eine wunderbare Freundin, die ihm sehr zur Seite stand. Wir dachten, durch sie und die Erwerbsunfähigkeitsrente könnte er sein Leben in den Griff bekommen. Doch im Gegenteil, er hielt sich für einen Versager, so dass auch diese Beziehung durch seine täglichen Klagen – »Ich kann nicht mehr!« – zu Ende ging. Er fiel in ein tiefes Loch und kam unter größten Anstrengungen dann zu uns. Er hatte fast täglich Zusammenbrüche, warf sich auf den Fußboden und klagte, dass er nicht mehr weiter könne.

Wir hatten daraufhin für Guido einen Termin in einem Psychiatrischen Krankenhaus. Er wurde allerdings nicht stationär aufgenommen, was uns verwunderte. Da es ihm nach drei Tagen nicht besser ging, sind wir wieder in die Klinik gefahren. Da Guido während der Untersuchung durch die aufnehmende Ärztin Suizidgedanken äußerte, sollte er für eine Woche auf der geschlossenen Abteilung untergebracht werden. Dies war für Guido zuerst ein Schock und es bedurfte erheblicher Überzeugungsarbeit, dass er das akzeptierte. Am Ende dieser Woche konnte er übers Wochenende wieder zu uns kommen. In der Woche darauf sollte er dann die offene Therapie beginnen.

Als wir Guido am Sonntagabend wieder zu seiner Station brachten und die Schwester ihn fragte, wie das Wochenende verlaufen sei, antwortete er: »Es geht so, ich freue mich, wenn es endlich los geht.« Am nächsten Morgen ging Guido in die Stadt. Als er wieder in die Klinik kam, erschienen mehrere Ärzte und teilten ihm mit, dass er weiter auf der geschlossenen Abteilung bleiben müsse aufgrund seiner Aussage vom Vorabend. Guido war so enttäuscht und geschockt, dass er eine Ausrede erfand, um das Zimmer zu verlassen und zu uns zu flüchten. Es dauerte nicht lange und die Polizei stand vor unserer Haustür, die wir erst einmal nicht öffneten. Die Polizei rief dann an und fragte, ob Guido bei uns sei. Ich konnte dies nur verneinen, um Guido zu schützen, da er totale Angst hatte, wieder in die geschlossene Abteilung zurückzumüssen. Ich bat darum, die Suche einzustellen, da sie alles nur noch verschlimmern würde. Der Beamte sagte aber, er könne die Suche nicht einstellen, und legte den Hörer auf.

Ein Auto der Polizei stand nun ständig vor unserer Tür. Ich rief daraufhin die leitende Ärztin im Krankenhaus an und bat sie, die Suche einstellen und die Polizei abziehen zu lassen. Doch auch mit ihr war kein Gespräch möglich. Sie legte einfach den Hörer auf.

Es wurde dann bereits Abend, als Guido nach Rücksprache mit der Ärztin an seinem Wohnort bereit war, wieder in die Klinik zu gehen. Ich bat die Polizisten, sich zurückzuziehen, da wir Guido in die Klinik bringen wollten. Dies lehnten sie aber ab und drohten, nun gewaltsam in unsere Wohnung einzudringen. Ich musste nachgeben und Guido wurde – wie ein Verbrecher – im Polizeiwagen mitgenommen. Diese Situation hat Guido schwer zugesetzt, da er zu etwas gezwungen wurde, was er absolut nicht wollte.

Am nächsten Tag hatten wir ein Gespräch mit dem Direktor der Klinik und wir kamen überein, dass Guido sich an seinem Wohnort um eine Tagestherapie bemüht. Er wurde entlassen und verbrachte die Weihnachtstage bei uns. Danach begab er sich in seine Wohnung mit dem Versprechen, eine Therapie in Anspruch zu nehmen. Im Januar 2010 meldete sich plötzlich das Gericht, da eine Betreuung für Guido veranlasst worden war. Wer diese bestellt hatte, ist uns bis heute schleierhaft. Wir konnten diese aber zum Glück abwenden.

Leider war die Tagestherapie wieder nicht das Richtige. Anfang März besuchten wir Guido. Wir hatten den Eindruck, dass es ihm nicht gut ging. Am 11. März wollte er deshalb zu uns kommen. An diesem Tag warteten wir bis zum Abend auf ihn. Später kam ein Anruf von Guidos Freund, dass er nicht an sein Handy gehe, was sehr ungewöhnlich war. Nachdem auch wir vergeblich versucht hatten, Guido telefonisch zu erreichen, fuhren wir zu seiner Wohnung und fanden ihn stranguliert an seinem Fitnessgerät. Er wollte einfach von seinen Schmerzen und Qualen erlöst werden. Ein Trost für uns ist der Satz in seinem letzten Brief: »Ich passe von oben auf Euch auf.«

Ich konnte nie die Kinder sehen
(Fallbeispiel 5)

Mit 21 Jahren erblindete Heinz bei einem Autounfall. Er war damals Elektriker sowie Mess- und Regeltechniker. Sein Leben veränderte sich nach dem Unfall vollkommen. Er lernte Blindenschrift und machte eine Ausbildung zum Telefonisten. Wir heirateten 1968 und das Leben ging seinen gewohnten Gang. Schon früh merkte ich, dass er nicht glücklich war mit seiner Arbeit. Ich nahm ihm deshalb zu Hause alles – Haushalt und Kinder – ab. Ich glaube, das war ein großer Fehler.

Wir wohnten nach der Hochzeit mit seinen Eltern im gleichen Haus. Heinz hatte einen sehr strengen Vater. In seinem Elternhaus wurde über Probleme nie gesprochen. Stattdessen wurden jeden

Abend ein paar Flaschen Bier und ein paar Schnäpse getrunken. Ich war es von meinem Elternhaus nicht gewohnt, Alkohol zu trinken.

Als der Vater von Heinz starb, veränderte sich alles. Ich kaufte von nun an keinen Schnaps mehr. Irgendwann bemerkte ich, dass mein Mann anfing, sich heimlich Alkohol zu kaufen und ihn zu verstecken. Ich konnte es nicht verhindern, dass er zum Spiegeltrinker wurde.

Mit 54 Jahren erkrankte er an Speiseröhrenkrebs. Er wurde nach einer Chemotherapie dann erfolgreich operiert und 2002 ging er für drei Monate zum Alkoholentzug. Ich dachte damals, jetzt haben wir es endlich geschafft. Aber leider fing er nach sechs Monaten wieder an zu trinken.

Dann bekam er einen Blindenführhund, der Heinz zur Arbeit begleitete. Auch damals hoffte und dachte ich, jetzt sei er glücklich. Aber auch das war nicht von Dauer. Er bekam Depressionen. Das war auch die Zeit, als er begann, aggressiv zu werden. Sein Verhalten verschlimmerte sich, als sein Hund wegen einer unheilbaren Erkrankung eingeschläfert werden musste.

Ich begann danach, meinen Mann überall zu entschuldigen, wenn er mal wieder ausgerastet war oder irgendetwas schief lief. Damals habe ich auch das erste Mal an Trennung gedacht. Aber aufgrund seiner Erblindung habe ich es nicht geschafft, ihn allein zu lassen.

2006 bekam er einen Bandscheibenvorfall, 2007 musste er sich einer Herzoperation unterziehen und 2008 erlitt er einen Schlaganfall. Dabei wurden zwei Drittel seines Gehirns in Mitleidenschaft gezogen. Er konnte danach nicht mehr sprechen und sein Erinnerungsvermögen war stark eingeschränkt. Durch eine Logotherapie verbesserte sich das Sprechen wieder etwas. Aber ich glaube, damals hatte er sich bereits aufgegeben.

Als Ehepaar lebten wir mittlerweile nur noch nebeneinander her. Es gab Phasen, in denen er sich mir anvertraute und beispielsweise sagte, wie schlimm es für ihn war, dass er die Kinder nie gesehen hat. Aber wenn er betrunken war, sagte er oft, dass er sich umbringen würde. Ich habe anfangs versucht, ihm das auszureden. Irgendwann habe ich dazu nichts mehr sagen können, denn es hat sich ständig wiederholt. Ich wusste nicht, wie ich Heinz helfen sollte. Ich war mit ihm bei einem Psychologen. Aber seine Wut und seine Aggressivität wurden immer schlimmer. Es war für mich und die Kinder, wenn sie zu Besuch waren, kaum auszuhalten. Unsere älteste Tochter hat sich dann ganz von ihrem Vater abgewendet. Beide erwachsene Kinder mussten psychologische Behandlung in Anspruch nehmen, weil es sehr schwer für sie war, ihren Vater so zu sehen und ihm nicht helfen zu können.

Am 3. August 2011 nahm Heinz sich nach 43 Ehejahren das Leben. Er war damals 65 Jahre alt. Ich war 63 Jahre alt und nervlich am Ende, als ich ihn am Kelleraufgang erhängt fand. Es war ein großer Schock für mich, den ich bis heute nicht ganz verwunden habe. Oft habe ich das Bild, als ich ihn gefunden habe, vor Augen.

Die virtuelle Welt wurde mehr und mehr zu seiner Welt (Fallbeispiel 6)

Unser Sohn Sören war 22 Jahre jung, als er am 22. Juli 2009 etwas tat, was sein Leben einen Tag später im Uniklinikum beendete. Mittags, kurz bevor er zu seiner Weiterbildungsmaßnahme fahren musste, schoss er sich mit einem Kleinkalibergewehr in den Kopf und verletzte damit sein Gehirn so schwer, dass uns die Ärzte im Klinikum jegliche Hoffnung nahmen.

Als wir Sören mittags in unserem Gartenhaus fanden, lebte er noch. Bis die Rettungssanitäter eintrafen, habe ich – sein Vater – ihn im Arm gehalten. Zwanzig Minuten, die sich wie zwanzig Stunden anfühlten. Bilder, die sich in unserem Bewusstsein eingebrannt haben, die man nicht mehr löschen kann und die immer da sind. Das schlimmste Szenario, was wir uns als Eltern vorstellen können. Sein Kind zu verlieren, ganz besonders durch einen Suizid, ist so prägend, dass ab sofort nichts mehr ist, wie es bis dahin war.

Es gibt keinen Abschiedsbrief, nicht an uns Eltern, nicht an seinen Zwillingsbruder, auch nicht an seine Freundin. Aus unserer Sicht gab es vorher auch keine Andeutungen oder Anzeichen, die uns bewusst aufgefallen sind. Auffällig war lediglich – und darüber gab es auch immer wieder Auseinandersetzungen in der Familie –, dass Sören sehr viel, nach unserer Einschätzung zu viel, Zeit an seinem PC verbrachte.

Es gibt nur Vermutungen oder Spekulationen, warum Sören diesen Schritt ging. Möglicherweise sind mehrere Umstände und Situationen zusammengetroffen und es kam dann zu einer Kurzschlusshandlung. Wir wissen es nicht. Denn wer zieht seinen Arbeitsanzug an, kocht sich seinen Kaffee für die bereitstehende Thermoskanne, schmiert seine Pausenbrote, geht dann ins Gartenhaus und schießt sich eine Kugel in den Kopf?

Wir glauben, die virtuelle Welt wurde mehr und mehr zu seiner Welt. Je mehr er sich mit seinem PC-Spiel »World of Warcraft« beschäftigte, umso weniger traf er sich mit seinen realen Freunden. Auch die Freundin beklagte sich, dass Sören zu nichts mehr Lust habe. Die Beziehung zu ihr war möglicherweise zu der Zeit auch nicht mehr in Ordnung. Da Sören keine Lust hatte oder während seiner Weiterbildung nicht nach Urlaub fragen mochte oder wollte, war seine Freundin zum Zeitpunkt seines Suizids für eine Woche mit einer Freundin nach Mallorca geflogen.

Außerdem machte die Wirtschaftskrise Sören arbeitslos. Das hat wahrscheinlich auch zu seinem Schritt beigetragen. An seiner computergesteuerten Laserschneidemaschine für Edelstahl war er gut zufrieden und seine Entlassung wegen Auftragsmangel hat ihn sehr getroffen. Wir rieten ihm dann dazu, die Arbeitslosenzeit für eine Weiterbildungsmaßnahme zu nutzen, was er auch tat.

Was auch immer unseren Sohn bewogen hat, sich das Leben zu nehmen, wir verstehen es bis heute nicht. Dennoch glauben wir nicht, dass Sören sein Tun mit letzter Konsequenz bedacht hat. Ihm war sicherlich nicht bewusst, wie viel Schmerz und vor allem Leere er seiner Familie und seiner Freundin hinterlässt.

Er fühlte sich nur noch als Belastung
(Fallbeispiel 7)
Du wolltest mir heute von F. erzählen?

Ja, F. und ich haben 1993 geheiratet. 2011, als er 53 Jahre alt war, hat er sich das Leben genommen. Bei ihm wurde die Diagnose »Bipolare Störung« also »manisch-depressiv« gestellt. Die Krankheit bestand – so glaube ich heute – schon sehr lange, nur die Symptome waren noch nicht so eindeutig ausgeprägt. Im Laufe der Jahre zog er sich in den depressiven Phasen immer mehr aus der Partnerschaft und Familie zurück. In manischen Phasen war er dann wiederum sehr impulsiv, aufbrausend, überheblich und hat andere Menschen vor den Kopf gestoßen.

Wie bist du beziehungsweise wie seid ihr als Familie mit den Reaktionen von F. und später mit der Diagnose beziehungsweise der festgestellten Erkrankung umgegangen?
Sehr lange Zeit habe ich die Symptome seiner Krankheit als Wesenszüge und Ausprägungen seines Charakters gesehen. Erst 2005 nach seinem Suizidversuch und der Diagnose »Bipolare Störung« war klar, dass er psychisch krank war. Nach dem Suizidversuch und der anschließenden Dauermedikation mit Lithium war ich mir sicher, dass es uns gelingen würde, trotz der Krankheit die Probleme der Vergangenheit zu bewältigen und die Zukunft gemeinsam neu zu gestalten. Aber nach einem Jahr hat F. ohne Abstimmung mit den behandelnden Ärzten das Lithium abgesetzt. Das hat bei ihm wieder zu einer manischen Phase geführt. Im Zuge dessen kam es zur Trennung. Er bezog eine Wohnung in derselben Stadt, so dass der Kontakt zu den Kindern, denen er immer ein toller Vater war, beibehalten werden konnte.

Kannst du etwas zum Elternhaus von F. erzählen?
Ich weiß, dass sein Vater auch psychisch krank war. Er hat sich, als F. 17 Jahre alt war, erhängt. Seine Mutter hat sich ein Jahr später das Leben genommen. Ich denke, dass das ganz, ganz schwer für F. war. Viel erzählt hat er davon aber nie.

Wie ging es dann weiter?
2011 kam es zu einem schweren depressiven Schub. F. bat mich um Hilfe. Ich begleitete ihn ins Psychiatrische Krankenhaus und versuchte ihn soweit es ging zu unterstützen. Während der Woche

war er stationär aufgenommen, die Wochenenden durfte er zu Hause verbringen. An einem Wochenende habe ich ihn aus der Klinik abgeholt und F. wollte noch zur Firma, um einige Sachen zu erledigen, wie er sagte. Sein Freund, der dort etwas abholen wollte, hat ihn dann gefunden. F. hatte sich in der Firma erhängt.

Was glaubst du, weswegen F. diesen Weg gegangen ist?
Aufgrund dieser schweren depressiven Phase sah er einfach keine Möglichkeit mehr, mit seiner Krankheit leben zu können. Er fühlte sich nur noch als Belastung für alle.

Welchen Unterschied siehst du zu anderen Selbsttötungen, von denen du in der Gruppe gehört hast?
Wir waren uns der Gefahr der Selbsttötung nach dem Suizidversuch 2005 bewusst. Und wir alle hatten Angst um ihn. Wir haben alles versucht, damit es nicht dazu kommt, aber es hat nicht gereicht. Obwohl er mich um Hilfe gebeten und sich in ärztliche Behandlung begeben hat, ist es zum Suizid gekommen.

Ich hab Euch lieb
(Fallbeispiel 8)
Tim war 2011 19 Jahre alt und ging in die zwölfte Klasse des Berufskollegs. Er war Klassensprecher, ein guter Tänzer und allseits beliebt für sein Lächeln, vor allem bei vielen Mädchen. Man sagt, er war ein Mädchenschwarm. Er hatte schon eine Lehrstelle als Informatiker bei einer Bank für 2013.

Bereits in seiner Kindheit war er aber auch Mobbing und Ausgrenzungen ausgesetzt, die ihn sehr belastet haben. Im November 2011 hatte er versucht, sich die Pulsadern zu durchtrennen. Ich wollte damals, dass er zum Arzt geht, um die Wunde verbinden zu lassen und sich professionelle Hilfe zu holen. Das lehnte er strikt ab. Ich betonte immer wieder, wie sehr ich ihn liebe und dass ich für ihn da bin. Aber für ihn, so glaubte ich, war wieder alles in Ordnung und er versprach, so einen Mist nicht wieder zu machen. Eine psychologische Fachkraft sagte mir, wer einmal den Versuch unternommen hätte, würde es kein zweites Mal tun. Die Angst vor dem Tod sei dann zu groß. Meine Angst blieb trotzdem.

Am 2. Dezember 2011 kam Tim früher von der Schule nach Hause. Es sei Unterricht ausgefallen, sagte er. Eine Lehrerin schrieb uns später, er habe sich mit Kopfschmerzen krank gemeldet. Am Abend fuhr er mit seinem Bruder Jan in die Diskothek, das hatte er ihm schon lange versprochen. Heute weiß ich, dass er dieses Versprechen noch einlösen wollte. Am 4. Dezember klagte er über starke Kopfschmerzen und einen Tag später stand er morgens kreidebleich in der Küche und klagte weiter über Schmerzen. Ich beschloss, dass er nicht zur Schule gehen muss. Am Mittag kam ein großes Paket für Tim an. »Eine Überraschung für euch«, sagte er und freute sich riesig. Er verschwand damit in seinem Zimmer. Gegen 17.00 Uhr gingen wir – Eltern und Tims Geschwister – zum Nikolausumzug. Tim wollte nicht mitgehen. Er hatte das Haus nun für sich allein und konnte alle Sicherheitsvorkehrungen für uns in Ruhe treffen, bevor er von uns gegangen ist.

Ich weiß heute, dass er am 2. Dezember das Paket mit Holzkohle, Abdichtungsmaterial und Warnschild im Internet bestellt hatte. Seitdem lief der Countdown. In seiner letzten SMS an mich schrieb Tim »Ruf die Feuerwehr. Das ist kein Spaß. Ich hab Euch lieb.« Ich habe sie erst einen Tag später gelesen.

Nächste Woche habe ich keine Zeit mehr
(Fallbeispiel 9)

Paul und ich heirateten 1980. Ich war noch sehr jung und empfand unsere Beziehung von Anfang an als nicht einfach. Beispielsweise mussten Pauls vermeintliche Bedürfnisse, egal um welche Wünsche es sich handelte, jederzeit und immer sofort befriedigt werden. Er war sehr pessimistisch und Frust konnte er nur schwer aushalten. Unangenehme Emotionen wie Ärger oder Wut konnte er kaum regulieren und kontrollieren. So habe nicht nur ich als Partnerin, sondern auch unser Sohn unter seinen emotionalen Ausbrüchen mit Jähzorn gelitten. Paul konnte außerdem sehr respektlos und abwertend uns gegenüber sein. Manchmal kam es zu Selbstverletzungen. Den Schmerz schien er dabei nicht zu spüren.

Wenn Paul Probleme hatte, fühlte ich mich verantwortlich, sie zu lösen, ihn zu beruhigen, ihn zu motivieren und auch die Schritte, die er hätte einleiten müssen, für ihn zu gehen. Mit 39 Jahren gab Paul seinen Beruf als Lehrer auf, da er es sich nicht zutraute, zwei Semester zu studieren, um 1990 im vereinten Deutschland weiter als Lehrer arbeiten zu können. Er nahm eine Stelle als Erzieher in einer Behinderteneinrichtung an. Es gab nur wenige Momente, in denen ich das Gefühl hatte, dass ihm seine Arbeit wirklich Spaß machte. Meine Unterstützungen, dass er zum Beispiel eine neue Stelle findet, liefen immer wieder ins Leere.

Es fiel ihm ohne Alkohol schon immer schwer, sich wirklich zu freuen. Nach außen merkte man ihm seine Unzufriedenheit kaum an. Auch hat er nicht offen über seine Probleme gesprochen, sondern sie nur vage angedeutet, gejammert, geschimpft oder sich krankschreiben lassen, wenn er es gar nicht mehr ausgehalten hat. Abends half ihm Alkohol über seine ihm anscheinend ausweglos erscheinende Lage hinweg.

Erschreckend fand ich die Geschichten aus Pauls Kindheit. Seine Mutter musste die drei Jungen größtenteils allein großziehen. Der Vater war als Berufsmusiker unterwegs und wenn er nach monatelanger Abwesenheit nach Hause kam, verwöhnte er Paul, den Jüngsten der Söhne, sehr. Die Eltern stritten oft über Geld, über Erziehung oder über die Abwesenheit des Partners. Wenn die Mutter mit den Kindern allein war und sich überfordert fühlte, sagte sie: »Jetzt ist Schluss! Ich kann nicht mehr! Ihr werdet schon sehen, was ihr davon habt!«, nahm eine Wäscheleine und ging auf den Dachboden, um sich aufzuhängen. Sie hat damit gedroht, es aber nie getan. Ein Bruder von Paul hat sich später durch Erhängen das Leben nehmen wollen.

Der Missmut von Paul und seine oft unangemessenen Verhaltensweisen belasteten unsere Beziehung sehr und sie veranlassten mich, 1997 eine Therapie zu beginnen. Da Pauls Unzufriedenheit und emotionalen Ausbrüche sich nicht veränderten, er aber eine

Therapie ablehnte, trennte ich mich 2001 von ihm. Paul kam damit überhaupt nicht klar. Er hat geweint, gejammert, mich beschimpft oder mich bei anderen schlechtgemacht.

Nach fünf Monaten war er plötzlich zu einer Paartherapie bereit. Ich hoffte damals, dass wir es zusammen schaffen können. Nach einem Jahr sind wir mit viel Optimismus wieder zusammengezogen. Paul erwähnte damals, dass er nach der Trennung mit dem Auto gegen einen Brückenpfeiler fahren wollte. Ich war geschockt, mir aber auch nicht sicher, ob er mich dadurch nicht nur daran hindern wollte, mich noch einmal von ihm zu trennen.

Die nächsten Jahre waren leider sehr schnell wieder wie die Jahre vor der Trennung. 2006 traf Paul eine berufliche Versetzung so schwer, dass er ein halbes Jahr nicht in der Lage war zu arbeiten. Er wurde zunehmend unflexibel, unsicher und zog sich mehr in die Familie zurück. Von da an hatte ich das Gefühl, er hat Angst vor der Arbeit, der Verantwortung, den behinderten Klienten sowie Vorgesetzten. Über den konkreten Anlass seiner Versetzung oder Ängste hat er nicht gesprochen. Paul war niedergeschlagen, hatte Schlafstörungen, keinen Appetit und nahm ca. 10 Kilo ab. Er suchte regelmäßig seinen Hausarzt auf und nahm unkontrolliert Psychopharmaka.

Wir versuchten mit Urlaub, Haus und Partys von einer Krise zur nächsten zu kommen. Paul hatte kein Hobby mehr, spielte sehr viel Lotto, brauchte Alkohol, um schlafen zu können, und unternahm allein so gut wie nichts mehr. Wenn wir mit anderen Menschen zusammen waren, war Paul freundlich, charmant, gut gelaunt und machte Witze. Aber sobald wir allein waren, fiel er in ein tiefes Loch oder rastete aus. Sein »Meckern«, seine Beschimpfungen – ich würde irgendwie immer alles falsch machen – und auch sein Alkohol- und Tablettenkonsum nahmen zu. Nicht selten habe ich wieder an Trennung gedacht.

Im Herbst 2007 sprach Paul sehr viel von Frührente. Er wollte in der Behinderteneinrichtung nicht mehr arbeiten. Er hat auch jetzt nicht darüber geredet, was für ihn so schwierig war. Paul hatte große Existenzangst, wenn er daran dachte, nur noch Renteneinkünfte zu beziehen, obwohl auch ich voll berufstätig war und sehr gut verdiente. Er wurde noch niedergeschlagener und launischer. Im März 2008 war es Paul ganz wichtig, dass geregelt wurde, wo er einmal seine letzte Ruhe finden würde. Damals hatte das für mich keine Bedeutung. Im Juli 2008 erkrankte ich an Brustkrebs. Ich hatte damals das Gefühl, nur noch Kraft für mich allein zu haben. Der Gedanke, mich nicht mehr mit den Problemen meines erwachsenen Ehemannes auseinandersetzen und seine emotionalen Ausbrüche aushalten zu müssen, brachte mir die Energie, die ich für die anstehende OP, für Chemotherapie und Bestrahlung brauchte. Im August 2008 zog ich nach 28 Jahren Ehe endgültig aus.

Im September 2008, nach einem lange geplanten Reha-Aufenthalt und an dem Tag, an dem Paul hätte wieder arbeiten müssen, hat er erst Schlaftabletten genommen und sich dann auf dem Dachboden unseres Einfamilienhauses aufgehängt. Einzelheiten dazu sind mir zum Glück nicht bekannt. Ich lebte nach der Trennung in einem Nachbarort und war zum Todeszeitpunkt im Krankenhaus zur Chemotherapie. Ich bin dankbar, dass ich Paul nicht gefunden habe, sondern die Polizei. Unser Sohn, der damals 27 Jahre alt war, hat es vor mir erfahren und rief mich an. Später überbrachten zwei Beamte der Kripo mir die Nachricht »offiziell«.

Paul war 57 Jahre alt, als er die Entscheidung traf, sein Leben zu beenden, gerade als ich voller Dankbarkeit war, mein Leben nach der Krebserkrankung behalten zu können. Paul hatte mich drei Tage vor seinem Tod angerufen, dass er mich dringend sehen müsse. Da es mir aufgrund der Chemotherapie nicht gut ging, wollte ich den Termin verschieben. Aber Paul sagte: »Nein, nächste Woche habe ich keine Zeit mehr!« Damals dachte ich, er habe bei der Arbeit viel zu tun. Bei unserem Treffen erzählte er mir, wie schlecht es ihm ging und dass er 8 Kilo abgenommen habe. Er meinte: »Es geht mir viel schlechter als dir!« Das konnte ich, so wie ich mich fühlte, damals nicht glauben.

Paul hat an unterschiedlichen Stellen und für verschiedene Menschen insgesamt sechs Abschiedsbriefe hinterlassen. Einen schrieb er am Tag meiner Krebs-OP, acht Wochen vor seinem Suizid. Zu dieser Zeit änderte er auch sein Testament mit dem Wunsch, mich zu enterben. In einem Brief stand »Der Atem meiner Rache wird Dich Dein Leben lang begleiten!« und darunter in ca. 5 Zentimeter großen Buchstaben »ILD« (Ich liebe Dich). Einen Brief schickte er unserem Sohn mit der Post, so dass dieser ihn erst einen Tag nach dem Tod seines Vaters erhielt.

Eine nahe Angehörige bemerkte nach dem Suizid treffend: »Ich stelle mir das so vor, als ob in Pauls Kopf nur noch Unkraut gewachsen ist.« In einer Therapie, die ich nach Pauls Tod begann, erfuhr ich, dass er mit großer Wahrscheinlichkeit seit langem an einer Borderline-Persönlichkeitsstörung erkrankt war. Weder ich noch Pauls Hausarzt hatten seine Verhaltensmuster als Zeichen einer psychischen Erkrankung erkennen und seine Andeutungen als Suizidalität werten können.

Nachfolgend sind dreißig Risikofaktoren zusammengetragen, die die Selbsttötung von Paul begünstigt und schließlich ausgelöst haben können:

Die suizidale Entwicklung begünstigende Risikofaktoren
- Konfliktlösung beziehungsweise Überforderung der Mutter: Mit dem Gang auf den Dachboden hat sie die Möglichkeit der Erleichterung gezeigt;
- Abwesenheit des Vaters;
- Erziehungsmethoden der Eltern waren konträr;
- Suizidversuch des Bruders zeigte zum zweiten Mal Suizid als Möglichkeit der Erlösung;
- Übernahme von Verantwortung durch die Partnerin wirkte Pauls Gefühl von Selbstwirksamkeit entgegen und begünstigte, dass er nicht aktiv werden musste;
- Bedürfnisbefriedigung immer und immer sofort;
- niedrige Frustrationstoleranz mit Wutausbrüchen und Jähzorn;
- hohe Schmerztoleranz beziehungsweise Autoaggression mit Selbstverletzungen;

- Kommunikationsmöglichkeiten fehlten, so dass der Hintergrund der beruflichen Probleme nicht angesprochen wurde;
- Konfliktlösungsmöglichkeiten waren unangemessen: Weinen, Jammern, Beschimpfungen, Partnerin bei anderen schlechtmachen;
- Borderline-Störung (psychische Erkrankung);
- Selbstwertgefühl beziehungsweise Selbstvertrauen waren niedrig, was der Jobwechsel 1990 zeigt;
- Unzufriedenheit und Angst als Erzieher;
- möglicher Suizidversuch nach der Trennung 2001;
- Verhaltensmuster starr und unflexibel, da trotz Unzufriedenheit keine Veränderungen im Beruf oder durch Paartherapie möglich waren;
- psychische Störung 2006 nach der Versetzung (Depression, Angst- oder Anpassungsstörung);
- Einengung (kein Hobby mehr, Rückzug in die Familie);
- Missbrauch von Psychopharmaka;
- Alkohol- und Tablettenmissbrauch begünstigte Veränderungen im Gehirn;
- Psychische Störung beziehungsweise Verschlimmerung 2007/2008; Aussuchen der eigenen Grabstätte.

Die suizidale Entwicklung auslösende Risikofaktoren
- Psychische Störung und Verschlimmerung Juli/August 2008 mit Verlustangst und Gewichtsverlust;
- niedriges Selbstwertgefühl nach erneuter Trennung der Partnerin;
- Lebenssinn und -lust schwinden – Gedanken an Rente;
- Ende der Reha-Maßnahme – kein behüteter Tagesablauf und keine Entlastung mehr von Problemen und Alltagsrealität;
- Gefühl der Selbstwirksamkeit schwand durch den Glauben, ohne Partnerin nicht leben zu können (Abschiedsbrief am Tag der Krebs-OP);
- Kommunikation diffus, indem Zeichen der Suizidalität nur vage angedeutet wurden;

- Tunnelblick mit Aussagen wie »Keine Zeit mehr« – »Schlechter als dir«;
- Ambivalenz im Fühlen, Denken und Handeln (Hass und Liebe – »Der Atem meiner Rache« und »ILD«);
- emotionale Entgleisung mit Angst vorm Alleinsein, Existenzangst und Angst vor der Arbeit;
- Aggressionsumkehr.

Fallbeispiele Trauer nach Suizid

Die nachfolgenden Trauerreaktionen nach einer Selbsttötung zeigten Hinterbliebene aus den vorangegangenen Fallbeispielen sowie in der Gruppen- und Einzelbegleitung.

Ich bin hin und her gerissen
Die Ambivalenz, die vor einem Suizid zu beobachten ist, kann auch Hinterbliebene vorübergehend, längere Zeit oder ein Leben lang begleiten.

Die hinterbliebene Ehefrau (Fallbeispiel 1) berichtet: »Mittlerweile sind über sechs Jahre vergangen. Die ersten Jahre hatte ich schwer mit dem Suizid zu kämpfen. Ich gab mir immer wieder die Schuld am Tod und ich glaubte damals, hätte ich mich nicht gegen ihn entschieden, würde er noch leben. Heute weiß ich, dass ich nicht schuld daran bin, auch wenn seine Eltern und seine Geschwister mich immer noch dafür verantwortlich machen. M. hat diese Entscheidung ganz allein getroffen. Ich für mich weiß ich heute, dass jemand mit klarem und gesundem Menschenverstand sich nicht umbringt. Es gibt immer eine Lösung. Warum wir für M. keine finden konnten, macht mich sehr traurig. Hätte er nur geredet. Mir geht es heute dank einer Therapie und vor allem dank meines zweiten Mannes, den ich im Januar 2014 geheiratet habe, gut.«

Die Mutter von drei Kindern (Fallbeispiel 3) sagt: »Durch die Unterstützung der Familie, von Freunden und Nachbarn wurden wir motiviert, nicht selbst den Lebensmut zu verlieren. Ich habe gemerkt, dass jedes der Kinder und ich anders mit dem Tod von Franz-Josef umgehen. Es ist einfach unvorstellbar, dass Franz-Josef sich das Leben genommen und mit niemandem über seine Gefühle gesprochen hat. Es kommen auch nach sechs Jahren immer noch Gedanken, wie: ›Hätte ich doch etwas gemerkt!‹ – ›Wieso hast du das getan?‹ – ›Warum konntest du dich mir nicht anvertrauen?‹ – ›War es eine Kurzschlussreaktion oder hast du schon länger darüber nachgedacht?‹

Da Franz-Josef keinen Abschiedsbrief hinterlassen hat, wissen wir bis zum heutigen Tag nicht, wieso er keinen anderen Ausweg gesehen hat. Meine Kinder und ich haben festgestellt, dass es anderen Menschen schwerfällt, zu verstehen, wie wir uns fühlen. Deshalb war es sehr hilfreich, sich in der Gruppe mit Betroffenen austauschen zu können. Wir haben erkannt, dass es gut tut, über ihn zu reden, wie er war und wie toll es war, Franz-Josef bei uns gehabt zu haben.«

Gerda (Fallbeispiel 5) erzählt: »Damals fiel ich in ein tiefes Loch. Auf der einen Seite war es für mich zwar eine Erleichterung, den Wutanfällen und der Aggressivität, den Streitigkeiten und seiner Unzufriedenheit – die ich aufgrund seiner vielen Schicksalsschläge natürlich auch verstehen konnte – nicht mehr ausgesetzt zu sein. Auf der anderen Seite waren wir 43 Jahre verheiratet und ich habe Heinz trotz allem geliebt. Ich bin seit seinem Suizid in psychologischer Behandlung und auch heute muss ich noch Medikamente nehmen. Meine Kinder haben mittlerweile wieder ein gutes Verhältnis zu mir und sie unterstützen mich sehr. Am Tod meines Mannes gebe ich mir keine Schuld, denn ich habe alles, was mir möglich war, versucht. Aber ich konnte ihm nicht helfen. Ich habe mir immer gewünscht, dass er glücklich sein kann, vieles dafür getan und selbst zurückgesteckt. Aufgrund der vielen Erkrankungen, angefangen bei der Blindheit, die Heinz nie verkraftet hat, kann ich verstehen, dass er nicht mehr leben wollte. Es war für uns alle irgendwie eine Erlösung. Ich glaube, dass er jetzt endlich Ruhe und Frieden gefunden hat. Ich habe mir nach dem Tod von Heinz neue Freunde gesucht, weil die von früher nach dem Suizid von Heinz auf einmal nicht mehr für mich da waren.«

Die Eltern (Fallbeispiel 6) sagen: »Besonders die Frage ›*Warum?*‹ ist für uns bis heute nicht beantwortet. Zwischenzeitlich haben wir gelernt, mit dieser alles verändernden Lebenssituation umzugehen. Unsere Seelen sind und bleiben allerdings tief getroffen und verletzt. Niemand war da, mit dem man sprechen konnte. Niemand kann die Gefühle und den Schmerz, den Eltern in einer derartigen Situation empfinden, nachvollziehen. Sätze von anderen wie ›Muss ich jetzt ein schlechtes Gewissen haben, weil mein Kind noch lebt?‹ haben uns geprägt. Sie zeigen aber auch, dass nur diejenigen mitreden können, die Gleiches erlebt haben. Solche Menschen haben wir glücklicherweise ein halbes Jahr nach dem Tod unseres Sohnes in der Kontaktgruppe für Hinterbliebene nach Suizid gefunden. Zum ersten Mal konnten wir mit anderen Menschen reden. Sie wussten, wovon wir sprachen. Sie haben mitgefühlt, was uns bewegt. Sie stellten die gleichen Fragen wie wir. Wir haben zusammen geweint, etwas später auch zusammen gelacht und wieder geweint. Niemand brauchte sich zu schämen, niemand brauchte sich zu erklären, alle haben es verstanden. Wir haben gemeinsam einen gangbaren Weg gefunden, mit unserer besonderen Situation umzugehen. Letztlich geholfen hat uns als Eltern auch, dass wir nie allein mit unserer Situation waren. Wir hatten immer den Partner an der Seite.

Das Leben hat uns mittlerweile vor neue Aufgaben gestellt. Sörens Zwillingsbruder, jetzt 27 Jahre jung, hat seine große Liebe geheiratet und wir freuen uns auf Enkelkinder. Außerdem kümmern wir uns jetzt um unsere noch lebenden Eltern.«

Die betroffene Ehefrau (Fallbeispiel 7) erzählt: »Den Suizid von F. zu akzeptieren, ist extrem schwierig. Schwer ist auch, die Verantwortung für die Kinder allein zu tragen. Seine Verantwortung als Vater kann niemand – auch nicht mein neuer Partner – übernehmen. Auch werde ich die Bilder in der Halle nie vergessen. Ich habe sie allerdings nicht mehr so häufig vor Augen wie am Anfang. Es wird weniger mit der Zeit. Die Kontaktgruppe war eine Unterstützung für mich, da ich dort das Gefühl erhielt, mit dem Thema Suizid nicht allein zu sein. Ich konnte offen über alles reden. Es besteht leider bei vielen Menschen eine Hemmschwelle, zum Beispiel über Trauer zu reden, wenn es um eine Selbsttötung geht.«

Das Resümee im 9. Fallbeispiel lautet: »Ich weiß nicht, wie ich diesen Schlag – gerade als ich alle Kräfte für die Überwindung der Krebserkrankung benötigte – ohne Therapie geschafft hätte. Zum Glück hatte ich einen Menschen, dem ich mich anvertrauen, dem ich erzählen konnte, was ich dachte und fühlte. Auch mein Sohn und seine Freundin waren für mich da. Die Gedanken an Schuld und Verantwortung waren direkt nach der Selbsttötung von Paul unerträglich. Sie lösten Ideen aus wie ›Mein Entschluss, ihn zu verlassen, war sein Todesurteil‹, so als ob ich seine Entscheidung und seinen Tod zu verantworten hätte. Vielleicht kamen sie, weil Pauls Brüder – auch der, der sich Jahre zuvor hatte selbst töten wollen – und meine, wie ich damals glaubte, beste Freundin – die sich 2005 hatte das Leben nehmen wollen – und andere Menschen es so sahen beziehungsweise äußerten. 18 Menschen haben sich von mir abgewendet nach Pauls Selbsttötung.

Ich habe die Umstände der Verhaltensweisen von Paul und unserer schwierigen Beziehung aufgearbeitet. Ich weiß heute, dass ich nicht für seinen Tod verantwortlich bin. Ich habe Paul als Menschen geliebt, bis zuletzt, aber ich hatte nicht die Energie, nach meiner Krebserkrankung mit ihm – und, wie ich damals noch nicht wusste, den Auswirkungen seiner psychischen Erkrankung – länger zu leben. Ich habe mich 2008 getrennt, weil ich gesund werden und leben wollte. Pauls Abschiedsbriefe haben mich lange beschäftigt, vor allem der Satz ›Der Atem meiner Rache …‹. Nach neun Monaten fand ich ein Gedicht, das Paul vor seinem Tod versteckt hatte. Das gibt mir seitdem Hoffnung, dass er endlich das gefunden hat, wonach er sich neben Stabilität, (Selbst-)Sicherheit und (Selbst-)Vertrauen sein Leben lang gesehnt hat: inneren Frieden.«

Ich fühle nichts

Der Vater, der seinen erwachsenen Sohn (Fallbeispiel 2) durch Suizid verloren hat, sah sich konfrontiert mit der belastenden Situation, seit dem Verlust nichts fühlen zu können. Dies ist ein nicht seltenes Beispiel von Dissoziation, die nach belastenden Ereignissen auftreten kann. In Gedanken durchlief er immer wieder die Schleife »Wie konnte er das tun?« und »Wieso hat er nicht mit uns geredet?«. Diese Gedanken waren aber nicht von emotionalen Regungen wie Trauer oder Sehnsucht begleitet.

Nach dem Gruppenangebot, das er mit seiner Lebensgefährtin 17 Monate lang wahrnahm, sagte er: »Ich bin froh über den Schritt, in die Gruppe gekommen zu sein. Denn ich hatte Angst davor, den Verlust zu verdrängen. Ich hatte anfangs kein Verständnis dafür, was Rainer getan hat, und keine Ahnung, wie er sich gefühlt haben muss. Das ist jetzt vor allem durch die Darstellung des Tunnelblicks klarer. Auch hatte ich Angst, über den Verlust zu reden. Das ist mir jetzt möglich.«

Ich bin schuld – Ich kann nicht mehr

Die Tendenz, sich schuldig zu fühlen, ist nach einer Selbsttötung häufig anzutreffen. Dabei können die Begleitumstände – wie beispielsweise eine vorangegangene Trennung, eine belastete Beziehung zum Verstorbenen oder vorausgegangene Streitigkeiten zwischen Kind und Eltern – besonders dazu beitragen. Aber auch Schuldzuweisungen anderer können Hinterbliebene schwer belasten. Pathologische Entwicklungen mit andauernden Schuldkonstrukten sind möglich, bizarre Schuldideen können Ausdruck einer psychischen Störung in der Trauer sein.

Suizidgedanken mit dem Wunsch, dem Verstorbenen zu folgen, um ihm wieder nahe sein oder sich mit ihm aussöhnen zu können, können Folge schwerer Schuldgefühle beziehungsweise Schuldphantasien sein. Betroffene können mit dem Verlust beziehungsweise Suizid und den Emotionen, die sie wie Wellen überfluten, so überlastet sein, dass sie zum Beispiel in einen dissoziativen Zustand oder eine Depression fallen.

Auch das Auffinden des Verstorbenen kann sich für Hinterbliebene in der Trauer so anfühlen, als ob ihnen der Verstorbene etwas aufgedrängt oder zugemutet hat, was sie nie erleben wollten.

Schwere Vorwürfe, Wut und Zorn auf den Suizidenten können zu starker Erregung und psychischer Überforderung führen.

Die Mutter eines Sohnes, der sich mit 24 Jahren das Leben genommen hatte, kommt in die Praxis. Ihre Gedanken kreisen seit der Selbsttötung nur noch um die Übernahme der Verantwortung für das Geschehene. Sie ist verzweifelt, voller Angst und gleichzeitig hilflos. Sie wird von innerer Unruhe geplagt und sagt: »Ich kann nur weiterleben, wenn ich die Schuld auf mich nehme. Ich habe versagt. Wenn ich eine gute Mutter gewesen wäre, wäre *das* nicht passiert. Ich kann für meine Kinder keine gute Mutter sein. Ich möchte B. folgen. So kann ich es wiedergutmachen. Und ich kann wieder bei ihm sein. Sein Tod hat ein Stück aus meinem Herzen gerissen. Es wird hier auf der Erde nie wieder heil.«

Mit diesen Worten zeigte sich ein Nachsterbewunsch, der weiter hinterfragt werden musste, um ihn von suizidalen Tendenzen abgrenzen zu können. Es bestand aber keine suizidale Gefahr, da die Mutter unter anderem von Verantwortung für ihre beiden lebenden Kinder und von der Liebe zu ihrem Partner sprach.

Eine Tochter, die ihre Mutter durch Suizid verloren und sie selbst aufgefunden hatte, fühlt sich seit dem Ereignis nur noch wie im Nebel, sie sieht keinen klaren Weg mehr. Sie weint sehr viel, manchmal stundenlang, und sie ist antriebslos. Sie scheint in eine depressive Störung abgerutscht zu sein. Sie hat Phasen, in denen sie in tiefe Trauer fällt. Dann wieder steigt panische Angst in ihr auf und im nächsten Moment fühlt sie sich völlig hilflos und dem Geschehen ausgeliefert. Sie hat das Gefühl, nichts tun zu können. Gleichzeitig empfindet sie eine große Wut und Ungerechtigkeit. Sie beschreibt es so: »Ich wollte das nicht. Ich wollte meine Mutter so nie sehen. Warum hat sie das getan? Warum hat sie mir das zugemutet? Sie hat einfach meinen Willen gebrochen. Sie hat mir diesen Anblick aufgezwungen. Ich habe das Gefühl, egal, was ich tue, andere entscheiden einfach über mich hinweg. Das fühlt sich so an, als ob mir etwas übergestülpt wird. Ich glaube, ich halte das nicht mehr aus.« Die Überprüfung von Suizidalität wurde notwendig, sie bestätigte sich aber glücklicherweise nicht.

Bei beiden Frauen hatte sich die Trauer in eine pathologische Richtung entwickelt. Nachdem zusammen Möglichkeiten weitergehender Unterstützung erarbeitet waren, nahmen sie therapeutische Hilfe – ambulant beziehungsweise stationär – in Anspruch.

Ich bin dankbar
Dass das Geschehene angenommen werden und der Trauerprozess voranschreiten konnte, zeigen unter anderem aufsteigende Dankbarkeit und Gefühle von Trost sowie die Fähigkeit, wieder lachen und sich an schöne gemeinsame Erlebnisse erinnern zu können, wie in den nachfolgenden Beispielen.

Die Lebensgefährtin (Fallbeispiel 2) berichtet: »Ich glaube, wir alle hätten diesen Schicksalsschlag nicht überstanden, wenn wir nicht als Familie zusammengehalten hätten. Wir hatten immer jemanden zum Reden und wir waren füreinander da. Auch unsere Freunde hatten ein offenes Ohr für uns. Die Gruppe hat uns geholfen, das Unbegreifliche anzunehmen. Vier Monate nach Rainers Tod wurde sein Sohn geboren, dem wir all unsere Liebe und Fürsorge geben. Akzeptieren ist wohl das Einzige, was helfen kann, so einen Schicksalsschlag zu verarbeiten. Es vergeht kein Tag, an dem wir in Gedanken nicht bei Rainer sind. Doch inzwischen können wir an ihn denken und glücklich sein, dass wir ihn gehabt haben, und über Dinge lachen, die wir gemeinsam erlebten.«

Die Mutter und der Stiefvater von Guido (Fallbeispiel 4) erzählen: »Seine Depression und unsere Hilflosigkeit haben uns sehr traurig gemacht. Die Kontaktgruppe hat uns gut getan. Wir haben dort erkannt, dass es für uns ganz wichtig ist, dass Guido einen Abschiedsbrief hinterlassen hat. Der Satz in seinem letzten Brief ›Ich passe von oben auf Euch auf‹ gibt uns immer wieder Trost.«

Begleitung und Beratung nach Suizid

Die Begleitung nach einem Suizid kann bei Einzelpersonen, Familien, Paaren oder Gruppen erfolgen. Trauergruppen können besonders hilfreich sein. Sie wurden bundesweit erstmals von Emmy Meixner-Wülker (2008) mit der Initiative AGUS (Angehörige um Suizid e.V.) ins Leben gerufen. Chris Paul und andere führten diese Angebote fort und ergänzen sie heute durch Trauerseminare und Weiterbildungen. Das, was dem Umfeld häufig unmöglich ist, können spezifische Angebote auffangen. In einer Trauergruppe treffen Suizidtrauernde auf andere Betroffene, mit denen sie sich über ihre Gedanken, Ängste, »Schuldgefühle« und andere Belastungen austauschen können.

In der Praxis finden sich offene und geschlossene Gruppen. Ich habe in der Gruppenarbeit die Erfahrung gemacht, dass beide Konzepte Vor- und Nachteile haben: In offenen Gruppen kann es für Hinterbliebene sehr belastend sein, dass sie bei Neuzugängen immer wieder über ihr Erleben des Suizids nachdenken und sprechen müssen. Auch das wiederholte Hören der Erfahrungen anderer kann extrem stressen und zu zusätzlichen Belastungen führen. Der Trauerprozess kann zum Stagnieren kommen, der Gruppenkontakt kann abgebrochen werden. Das Risiko für pathologische Entwicklungen wie Retraumatisierungen ist größer. Andererseits können Trauernde durch die Gruppendynamik voneinander profitieren. Neuzugänge können von »Fortgeschrittenen« erfahren, dass sich belastende Emotionen, der Verlustschmerz und damit die Trauer verändern, was motivierend wirkt. Bereits länger Trauernde erkennen durch die Neuzugänge ihre eigenen Fortschritte im Trauerprozess.

Geschlossenen Angeboten fehlen die Vorteile von Neuzugängen. Dafür ist das Risiko, das wiederholtes Erzählen beziehungsweise Hören mit sich bringen kann, vermindert. Auch Vertrauen und Offenheit, der Zusammenhalt sowie die Kontinuität der Terminwahrnehmung und -gestaltung sind in geschlossenen Gruppen leichter möglich. Das Bearbeiten bestimmter Themen wird nicht durch Neuzugänge gestört. Diese müssen erst einmal ankommen, sich orientieren und integrieren, was jedes Mal eine Unterbrechung und Änderung des Ablaufs bedeutet. Dagegen kann das notwendige Festlegen einer Zeitspanne der Begleitung in einer geschlossenen Gruppe zum Problem werden, da jeder seine eigene Geschwindigkeit hat, das Geschehene zu bearbeiten. Die Konsequenz kann sein, dass die einen die Gruppe zu früh verlassen müssen und dass bei anderen die Motivation, zu kommen, im fortgeschrittenen Trauerprozess sinkt. Die Gruppengröße kann sich stetig verkleinern.

Es hat sich in der Praxis gezeigt, dass Trauernde aus Einzel- oder Gruppenangeboten häufig zu früh aussteigen; nämlich dann, wenn es ihnen besser geht. Das ist oft der Zeitpunkt in der Trauer nach einem Suizid, zu dem die sich langfristig entlastend auswirkende Aufarbeitung beginnen kann. Nach meiner Erfahrung werden von Trauernden Langzeitangebote (länger als 24 Monate) kaum gewünscht, was aus ihrer Sicht verständlich erscheint. Dadurch, dass die Integration des Geschehenen in die eigene Lebensgeschichte verzögert oder verhindert werden kann, steigt das Risiko, Jahre nach dem Suizid aufgrund pathologischer Entwicklungen wieder Unterstützung suchen zu müssen.

Um Hinterbliebene nach einem Suizid beraten und begleiten zu können, ist es nach meiner Erfahrung unumgänglich, sich diesem Thema zuvor selbst anzunähern, um eigene Gedanken und Gefühle kennenzulernen und auch zu verändern. Spüren Hinterbliebene beim Begleiter Zurückhaltung, Unsicherheit oder Angst, kann es ihnen schwerfallen, die Aspekte wie das »Warum«, »Schuld« oder Suizidgedanken offen anzusprechen und belastende Gefühle zu zeigen. Die Begleitung kann nur zögernd starten oder – auch unbewusst – abgelehnt werden. Dadurch werden die Verarbeitung und

Akzeptanz der Selbsttötung gestört und lebenslange belastende Gedanken, Phantasien und quälende Emotionen können Folgen sein.

In der Trauerbegleitung empfiehlt sich eine unparteiische und offene Haltung gegenüber Verstorbenen und Hinterbliebenen in Bezug auf ihre Kompetenzen, Persönlichkeitsanteile, Gedanken und Emotionen. Verhaltensweisen Verstorbener und Trauernder werden wertneutral betrachtet. Bei Hinterbliebenen können sonst da Schuldideen entstehen, wo das Bestreben der Abbau emotionaler Belastung ist. Denn jeder kann aufgrund seiner aktuellen psychischen Reife und Verfassung nur so reagieren und agieren – Verstorbene genauso wie Hinterbliebene oder andere Beteiligte –, wie sie es getan haben beziehungsweise tun.

Nachfolgend ist zu sehen, wie die unterschiedliche Bewertung und Beschreibung der einen Suizid begleitenden Situation zu verschiedenen emotionalen Reaktionen führen:

- Er hat sich umgebracht, weil sie ihn verlassen hat./Er hat sich das Leben genommen, weil sein Chef ihn gekündigt hat. → Schuldgefühle und sich verantwortlich fühlen.
- Er konnte die Trennung/Kündigung nicht verkraften. Es können sich Denkfehler, eine Tunnelhaltung, extreme emotionale Überforderung oder Entgleisung, biochemische Veränderungen im Gehirn und/oder eine psychische Störung entwickelt haben. → Emotionale und gedankliche Entlastung.

Zu den Aufgaben in der Begleitung zählt es, *laute* und *leise* Zeichen der Trauer Hinterbliebener zu hören, zu sehen und zu spüren. Dies ermöglicht es, ein Bild vom Verstorbenen zu gewinnen sowie die Situation und emotionale Belastung der Trauernden einschätzen zu können. Nicht immer ist es Betroffenen direkt nach einem Suizid möglich, sich und ihre Lage durch konkrete Äußerungen und Worte verständlich zu machen. Das Wissen um die möglichen situativen Umstände und das Spüren belastender Gedanken und Emotionen etwa anhand der Mimik und Gestik beziehungsweise Körperhaltung können sehr hilfreich sein, um in der Trauerarbeit mit Hinterbliebenen einen gangbaren Weg einzuschlagen.

Professionelle Begleitung Suizidtrauernder bedeutet zu erkennen, dass jeder Suizid und jede Trauer individuell ist und nicht mit anderen Fällen verglichen werden kann. Trotz eigener Betroffenheit und eventuell zwiespältiger Gefühle sollte eine wertschätzende Haltung gefunden werden. Weiter ist es nützlich, die Maßstäbe und Möglichkeiten Hinterbliebener zu beachten und nicht von eigenen Fähigkeiten auszugehen, nicht zu urteilen. Der Begleiter sollte den Verlauf des Trauerprozesses akzeptieren, auch wenn Betroffene sich anders verhalten, als es erwartet wird, beispielsweise beim Ansprechen quälender Gedanken, beim Zeigen bedrückender Gefühle oder wenn bestimmte Themen lange Zeit oder immer wieder im Mittelpunkt stehen. Suizidtrauernde brauchen Geduld, die das Umfeld oft nicht aufbringen kann.

Betroffene sollten nicht bedrängt und es sollte auf mögliche Signale von Suizidalität geachtet werden, um diese von einem Nachsterbewunsch unterscheiden zu können. Ratschläge oder allgemeine Floskeln des Trostes wie »Das wird schon wieder« sollten vermieden werden. Wichtig ist, da zu sein und verständnisvoll zuzuhören.

Ein erster Impuls der Erleichterung kann eintreten, wenn Trauernde Menschen finden, die sich Zeit nehmen. Eine angstfreie Grundhaltung sowie Klarheit und Zuverlässigkeit – beispielsweise bei der Einhaltung von Terminen und Zusagen – werden von Betroffenen nach einer Selbsttötung als sehr wertvoll und entlastend empfunden. Diese Verlässlichkeit trägt in der Begleitung dazu bei, dass Suizidtrauernde sich sicher fühlen, vertrauen und sich öffnen können, sich angenommen und verstanden fühlen, über den Verstorbenen und über sich selbst reden sowie einen Weg im eigenen Leben und einen neuen Lebenssinn finden können.

Hilfreich ist das Wissen, dass traumatische Erfahrungen und unverarbeitete Erlebnisse bei Trauernden schlagartig wieder ins Bewusstsein gelangen und zu unvorhersehbaren Reaktionen führen können. Trauerreaktionen, die nicht gedeutet werden können, sollten zum Erkennen und Abwenden pathologischer Entwicklungen mit Kollegen, beispielsweise in Supervisionen, besprochen werden.

Trauernden sind gegebenenfalls weiterführende Unterstützungsmöglichkeiten vorzustellen beziehungsweise sind sie an die Umsetzung entsprechender Maßnahmen heranzuführen. Außerdem ist es wichtig zu wissen, dass nicht nur Betroffene, sondern auch andere, beispielsweise Menschen, die den Vermissten gesucht oder gefunden haben, ebenso schwer vom Suizid betroffen sein und leiden können wie Hinterbliebene. Ihnen sollte die gleiche Beachtung geschenkt werden wie nahen Angehörigen.

Als Begleiter oder Berater trifft man nach einer Selbsttötung oft auf Hinterbliebene, die sich in einem äußeren und inneren Chaos befinden. Was für Trauernde bei der Bewältigung des Verlustes schon nicht einfach ist, ist für Suizidtrauernde aufgrund der situationsbedingten Umstände in der Regel noch schwieriger. Wenn Suizidtrauernde im Alltag »funktionieren«, sich Aufgaben oder Beziehungen zuwenden, muss das nicht bedeuten, dass sie den Suizid akzeptiert und den Verlust überwunden haben. Der Bedarf an Begleitung und Unterstützung ist nicht immer daran abzulesen, inwieweit der Trauernde in seiner Lebensführung eingeschränkt ist. Wenn sich bei Betroffenen nach dem Suizid pathologische Symptome zeigen, zählt es zu den Fähigkeiten von Beratern und Begleitern, Veränderungen möglichst frühzeitig zu erkennen und Hinterbliebene sensibel darauf anzusprechen, um den Zugang zu weiterführenden Maßnahmen nicht zu verbauen.

In der Trauerbegleitung nach Suizid steht nicht die Todesart im Vordergrund der Gespräche und Interventionen, sondern Trauernde, Angehörige und Verstorbene sowie ihre Persönlichkeiten, Gedanken, Gefühle und Handlungsmöglichkeiten. Dies ist nicht anders als in anderen Trauerprozessen auch. Es lassen sich jegliche Methoden und Rituale zur Verarbeitung des Verlustes auch in der Trauer nach einem Suizid einsetzen.

Aufgrund der situationsbedingten Umstände sowie der Art und Weise des Todes und damit der Gedankeninhalte sowie der Ausprägung und Intensität der Gefühle sind in der Begleitung nach einer Selbsttötung spezifische Gespräche und zusätzliche Angebote notwendig, sinnvoll und hilfreich. Ressourcenorientierte Begleit- und

Beratungsansätze, wie der systemische Ansatz, können zu einer schnellen Stabilisierung und Stärkung Betroffener führen. Hilfreich ist neben der Suche nach Ressourcen Hinterbliebener auch das Finden und Würdigen schöner Momente, die der Trauernde mit dem Verstorbenen hatte, um sie über dessen Tod hinaus zu bewahren.

Integrative Trauerbegleitung

Nach meiner Erfahrung ist der Einsatz von Hilfsmitteln für den Trauerverlauf Hinterbliebener sehr wirkungsvoll. Bei der integrativen Trauerbegleitung bezieht man neben gesprächsorientierten Methoden Mittel ein, die gestaltet, betrachtet und berührt werden, man bewegt sich, malt, schreibt oder hört Musik. Durch dieses Vorgehen werden nicht nur die beim Zuhören und Verarbeiten aufgenommener Worte beziehungsweise beim Erinnern und Reden beteiligten Nervenzellen im Gehirn genutzt. Wie Abbildung 4 verdeutlicht, werden zusätzlich auch Neuronen in Regionen einbezogen, die für Sehen, Erkennen, Berühren, Malen, Schreiben und Verarbeiten dieser Sinneseindrücke zuständig sind.

Diese Aktionen und Wahrnehmungen lösen Kreativität, Phantasie und angenehme Emotionen aus, die unangenehme Erinnerungen und Gefühle langsam verändern. Je mehr Nervenzellen in der Trauerarbeit benutzt werden, umso mehr neuronale Verknüpfungen können im Gehirn gebildet werden und umso mehr Möglichkeiten hat der Trauernde für heilsam wirkende Schritte zur Verarbeitung des Verlustes und der Begleitumstände. Durch eine integrative Trauerbegleitung kann das Begleitungsziel einer emotionalen Entlastung und Verarbeitung belastender Erinnerungen schneller erreicht werden.

Da belastende Emotionen Prozesse wie Denken, Handeln, Entscheiden und damit Veränderungen blockieren, können erst neue Denk- und Handlungsmuster entwickelt und neue Entscheidungen getroffen werden, wenn bedrückende Emotionen an Schwere verloren haben. Da Hilfsmittel die Gehirnregionen ansprechen, die für die Auslösung angenehmer Emotionen zuständig sind, lassen sich innere Anspannungen lösen und die Verlustverarbeitung wird möglich.

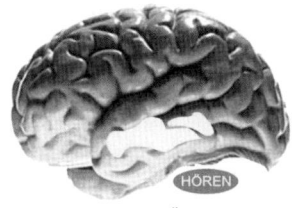

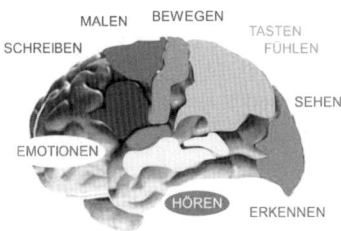

Abbildung 4: Vergleich von Trauerbegleitungsmethoden

Gerade der Kontakt mit der Natur – zu allem, was lebt – ist nach einer Selbsttötung eine wichtige Erfahrung für Hinterbliebene. Der positive Effekt der Natur auf die Gesundheit des Menschen (beispielsweise durch Tiere wie Hund, Katze, Pferd oder durch Pflanzen beziehungsweise Pflanzenteile wie Bäume oder Blätter) konnte in zahlreichen Studien nachgewiesen werden.

Im fortgeschrittenen Trauerprozess kommen neben diesen Hilfsmitteln auch Malen, Schreiben, Metaphern, Sprüche, Gedichte, Geschichten und Märchen in Betracht, um die Phantasie und neue Ideen anzuregen und den Gedanken dadurch eine andere Richtung zu geben. Der Einsatz solcher Hilfsmittel ist aufgrund der anfänglichen starken emotionalen Belastung Hinterbliebener erst möglich, wenn Konzentrations- und Aufmerksamkeitsprobleme, Grübeln, innere Unruhe und belastende Emotionen gelöst sind.

Um mit Hilfsmitteln im Trauerprozess arbeiten zu können, bedarf es der Fähigkeit und Lust, Kreativität und Phantasie in die Begleitung einfließen zu lassen. Beispielsweise eine spontan ausgewählte Tierfigur zum Beschreiben der momentanen Befindlichkeit des Trauernden oder eine situationsentsprechende Geschichte können den ausschlaggebenden Impuls setzen, um Hinterbliebene im entscheidenden Moment aufzufangen, zu stabilisieren, aufzuwecken oder zu entlasten und sie bei der Verarbeitung des Erlebten zu unterstützen.

Trauerbegleitung nach Suizid

Bei der Trauerbegleitung nach Suizid haben sich vier Schritte, die zusammen auch als Prozess betrachtet werden können, bewährt: Stabilisierung → Stärkung → Akzeptanz → Integration.

Je nachdem wie lange das Ereignis zurückliegt und wann die Begleitung beginnt, laufen »im Idealfall« die einzelnen Phasen nacheinander als Prozess ab. Oft steigen Trauernde aber später ein, fallen einen Schritt zurück oder überspringen eine Phase. Mitunter wird die Begleitung von Trauernden unterbrochen und nach Monaten oder Jahren die Unterstützung wieder gesucht. Es ist nicht immer möglich, Hinterbliebene durch alle Trauerstadien zu begleiten. Jeder Trauernde hat seine eigenen Möglichkeiten und seine eigene Geschwindigkeit bei der Verarbeitung des Verlustes.

Die vorgestellten Maßnahmen der Begleitung können phasen- oder personenspezifisch eingesetzt und situationsbezogen individuell angepasst werden. Die nachfolgenden integrativen Unterstützungsmöglichkeiten berücksichtigen Hilfsmittel und grundlegende Methoden aus dem Neurolinguistischen Programmieren (NLP), dem systemischen Ansatz, der Energetischen Psychologie sowie der Kinesiologie zusammen mit Kenntnissen aus Entwicklungspsychologie, Trauma- und Neurobiologie. Gleichzeitig liegen den Interventionen eigene Erfahrungen in der Trauer nach einem Suizid sowie Erfahrungen aus der Arbeit mit Suizidtrauernden in meiner Praxis zugrunde. Es hat sich bewährt, die Möglichkeiten Trauernder, sich auf Interventionen und bestimmte Methoden einlassen zu können, zu prüfen sowie die aktuelle Veränderungsbereitschaft zu klären.

Stabilisierung
Gerade kurz nach einem Suizid ist es wichtig, Hinterbliebene erst einmal zu stabilisieren. Stabilisierung heißt, das durch den Suizid erschütterte individuelle Empfinden von Ordnung, Sicherheit, Vertrauen, Ehrlichkeit und Gerechtigkeit wieder aufzubauen. In dieser ersten Phase benötigen Betroffene ganz besonderes Mitgefühl. Diesem Bedürfnis kann durch die Haltung des Trauerbegleiters und durch entsprechende Worte entsprochen werden wie: »Hier darfst du sein, wie du bist und wie du dich gerade fühlst.« – »Alles ist in Ordnung: schweigen, weinen, jammern, klagen, schreien.« – »Ich halte dich aus.« – »Hier findest du das Verständnis, das du suchst.« – »Mir kannst du vertrauen, dass ich dich nicht verachte, verurteile oder deine Schuldgedanken bewerte oder dir die Verantwortung gebe.« – »Hier kannst du dich sicher fühlen.«

Zu den Fähigkeiten von Trauerbegleitern nach einem Suizid gehört es, mögliche innere Konflikte Hinterbliebener zu kennen, wahrzunehmen und anzusprechen, um sie zusammen mit Betroffenen langsam aufzulösen. Wenn keine Bearbeitung innerer Konflikte stattfand, kann auch Jahre nach einem Suizid die innere Zerrissenheit noch spürbar sein. Innere Auseinandersetzungen Suizidtrauernder betreffen häufig Scham und Schuld mit Gedanken wie »Was habe ich versäumt?« – »Was hätte ich (noch) tun können?« – »Wieso habe ich … getan beziehungsweise nicht getan?« und das Nicht-verstehen-Können mit Fragen wie »Warum?« oder »Wieso hat er uns das angetan?«.

Schuld hat in der Trauer nach Suizid eine besondere Stellung, da es eine Erklärung schafft, wo Antworten fehlen. Schuld kann sozusagen eine Überlebensstrategie in der Trauer sein. Aus diesem Grund ist es wichtig, Trauernden die Schuld nicht sofort zu nehmen oder auszureden, sondern erst einmal zu akzeptieren. Hilfreich kann es für Suizidtrauernde sein, wenn sie mit sachlichen Anmerkungen des Begleiters irreale Schuldideen von realen Schuldanteilen abgrenzen können: »Sie können sicher sein, dass jeder – Sie genauso wie der Verstorbene – zu jeder Zeit sein Bestes gibt beziehungsweise gegeben hat, was ihm aufgrund seiner bisherigen Erfahrungen und seiner psychischen und physischen Verfassung möglich ist beziehungsweise war.«

Manche Hinterbliebene brauchen Schuldkonstrukte in der Trauer, um etwas zu haben, woran sie sich festhalten können, und sie brauchen Zeit, um sie ablegen zu können. Auch das ständige Wiederholen der Frage »Warum?« kann ihnen – ähnlich wie ein Gerüst – Halt geben, da, wo der Suizid ein Gefühl von Bedrohung ausgelöst hat. Sie können das Fehlen von Antworten nur langsam akzeptieren. Wichtig ist, ihnen zu vermitteln, dass ihre Reaktionen möglich und »normal« sind.

Entlasten kann der sachliche Hinweis bei Nicht-verstehen-Können: »Es kann davon ausgegangen werden, dass jeder – auch der Verstorbene –, egal wie es nach außen hin scheinen mag, einen guten Grund hat beziehungsweise hatte für seine Entscheidungen, seine Verhaltensweisen und dafür, wie er emotional reagiert hat beziehungsweise agiert. Es war beziehungsweise ist jedem nur so und (noch) nicht anders möglich, zu reagieren – denken, fühlen, entscheiden und handeln –, wie er es aufgrund seiner bisherigen Erfahrungen und seiner psychischen und physischen Verfassung kann.«

Eltern von Kindern, die ihr Leben durch einen Suizid beendet haben, oder hinterbliebenen Partnern oder Kindern können diese beiden, so oder ähnlich formulierten Hinweise erste Entlastung bringen. Erleichterung wird auch erlebt, wenn Fragen wie die nach dem »Warum?« und Gedanken zu Schuld und Verantwortung in Worte gefasst und mitgeteilt werden können, ohne dass Suizidtrauernde Angst haben müssen, dass ihre Ideen und erlebten Empfindungen bewertet, abgelehnt oder als »unnormal« gewertet werden. Zur weiteren Bearbeitung des Aspektes Schuld in der Trauer wird auf das Buch »Schuld – Macht – Sinn« von Chris Paul (2010) verwiesen.

Direkt nach einer Selbsttötung sollte gegenüber Suizidhinterbliebenen zurückhaltend mit Informationen, eigenen Erkenntnissen und Erfahrungen umgegangen werden. Sie sind in der Regel erst in einem späteren Trauerstadium in der Lage, sich mit konkreten Aspekten auseinanderzusetzen. Aktuell überwiegen bei ihnen grundlegende Bedürfnisse wie Sicherheit und Zugehörigkeit. Im Gruppenkontext können gemeinsame Vereinbarungen dafür sorgen, dass Hinterbliebene genau das finden. Regeln geben Trauernden das Gefühl, die Situation kontrollieren zu können, was nach einer Selbsttötung für sie von großer Bedeutung ist. Gemeinsame Absprachen, wie die folgenden, tragen dazu bei, dass jeder Teilnehmer gleich viel Akzeptanz, Wertschätzung und Stabilisierung erlebt:

- Die Ich-Form nutzen, nicht »man« oder »wir«, wenn »ich« gemeint ist.
- Jeder verhält sich so, wie er kann und möchte – reden, zuhören, schweigen, weinen.
- Mit Pünktlichkeit achten wir die investierte Zeit eines jeden.
- Andere auf mögliche Störungen (Handy-Klingeln) hinweisen.
- Alle haben das Recht, dass das Gesagte »im Raum« bleibt.
- Es wird niemand ausgelacht.
- Es wird nichts bewertet – es gibt kein »richtig« oder »falsch«.
- Ratschläge nützen nur, wenn darum gebeten wurde.
- Jeder hat seinen Weg, braucht seine eigene Zeit bei der Verlustbewältigung.
- Gleichberechtigung heißt zuhören, andere ausreden lassen, nicht alle auf einmal reden, keine Monologe führen – jeder soll gleich viel Raum erhalten.

Dadurch können sich Trauernde so angenommen fühlen, wie sie sind, und das Gefühl von Anderssein kann schwinden.

An Interventionen bietet sich in der Stabilisierungsphase neben erstem Entlasten von inneren Konflikten alles an, was dazu beiträgt, Hinterbliebenen Struktur, Kontrolle und neuen Lebensmut zu geben. In vielen Fällen betrifft der Verlust den Menschen, der die Familie finanziell versorgt oder organisatorisch gelenkt hat.

Daraus können sich massive Veränderungen für Hinterbliebene ergeben, so dass die Unterstützung neben Zuhören auch darin bestehen kann, das äußere Chaos regulieren zu helfen: Erarbeitung konkreter Schritte zur Neugestaltung des Alltags, zur (finanziellen) Versorgung der Familie und zum Finden von Halt und Sicherheit.

Um das innere Chaos aus immer wiederkehrenden Gedanken, Grübeln und belastenden Emotionen zu regulieren, helfen spezielle Interventionen wie die zwei nachfolgenden.

Grübeln unterbrechen
Da Grübeln aufgrund des beschriebenen »Hefeeffekts« in der Regel nicht zu angemessenen Lösungen führt, sondern den Teufelskreis aus Gedanken und begleitenden Emotionen antreibt und zu pathologischen Entwicklungen führen kann, sollte es frühzeitig unterbrochen werden.

Die Übung *Stopp* kann in der Stabilisierungsphase oder zu jeder anderen Zeit, in der Grübeln auftritt, hilfreich eingesetzt werden, um immer wieder, wenn anfangs auch nur für kurze Momente, das Gedankenkarussell zu unterbrechen. Der Betroffene wird, jedes Mal, wenn er mit seinen Gedanken abschweift oder wenn sein Blick ziellos in die Ferne gerichtet ist, gestoppt und aufgefordert, aufzustehen und sich zu bewegen. Er wird mit einem »Stopp« aus der Starre geholt, was eine erste Unterbrechung schafft. Das Bewegen kann drinnen genauso wie draußen stattfinden.

Sehen: Der Trauernde wird gebeten, spontan das zu benennen, was gerade in sein Blickfeld kommt, beispielsweise »Der Baum« oder »Die Lampe«. Er soll sich den Gegenstand dann genau betrachten, (wenn möglich) befühlen und beschreiben. Danach wird er aufgefordert, dreimal tief ein- und wieder auszuatmen. So kann man noch zwei- bis dreimal verfahren mit dem, was aufgrund des Weiterbewegens vor ihm auftaucht.

Hören: Jetzt wird der Betroffene aufgefordert, genau wahrzunehmen und zu benennen, was er hört, beispielsweise »Meine Schritte im Laub« – »Die Uhr«. Auch dabei geht er langsam auf den Gegenstand zu, lauscht und beschreibt das Geräusch beziehungsweise die

Töne. Den Abschluss bilden drei tiefe Atemzüge und eventuell zwei bis drei Wiederholungen.

Fühlen: Abschließend wird der Trauernde angeregt, das zu benennen, was er momentan fühlt. Mit Fühlen sind dabei Empfindungen gemeint, die er vordergründig durch Spüren, Anfassen oder Ertasten an seinem Körper wahrnehmen kann, wie zum Beispiel »Meine Uhr am Handgelenk« – »Den Boden unter meinen Füßen«. Auch jetzt bewegt er sich zwischen jeder Beschreibung langsam weiter und beendet mit drei tiefen Atemzügen die Übung.

Es kann hilfreich sein, die Intervention *Stopp* einem stabilen Angehörigen, Freund oder anderen des Suizidtrauernden zu zeigen, damit dieser ihn im Alltag unterstützen kann. Das *Stopp* kann mit Betroffenen so eingeübt werden, dass sie es später selbst einsetzen können, wenn sie von Grübelattacken überfallen werden. Die beschriebene Musterbildung im Gehirn sorgt dafür, dass die Übung umso leichter fällt, je öfter sie angewendet wird.

Regulierung überschießender Emotionen

Mit Methoden aus der sogenannten Energetischen Psychologie – wie beispielsweise der Klopftechnik EFT (Emotional Freedom Technique) oder der Methode wingwave® (mit Elementen aus NLP, Kinesiologie und EMDR) –, welche ich im Emotionscoaching erfolgreich einsetze, lassen sich Stress, Ängste, Verlusterfahrungen und andere gedankliche und emotionale Belastungen regulieren.

Wie bei »Emotionaler Entgleisung« beschrieben (siehe Seite 39) und wie der Satz »Das ist mir an die Nieren gegangen!« zeigt, hat der (Neben-)Nierenbereich mit der Stress- bzw. Angstregulation zu tun. Aus diesem Grund kann es für Trauernde hilfreich sein, wenn Begleiter sie unterstützen, sich eine Sequenz der EFT-Anwendung zur Stimulierung von Körpermeridianen (wie es auch Akupunktur oder Akupressur tun), und hier speziell des Nierenmeridians, anzueignen.

Zur Regulation wird einer der beiden Endpunkte des Nierenmeridians (siehe die beiden Punkte in Abbildung 5) mit zwei Fingerkuppen kreisförmig leicht beklopft. Dadurch werden Wellen ausgelöst, ähnlich denen, wenn ein Stein ins Wasser fällt. Der Nierenmeridian, durch die Wellen stimuliert, regt die Nebennieren an, die Stresshormonausschüttung einzustellen. Die Endpunkte des Meridians befinden sich jeweils links und rechts in der Vertiefung unterhalb des Schlüsselbeinansatzes am Brustbein und über der ersten Rippe. Das Beklopfen kann solange fortgeführt werden, bis die Emotionen sich reguliert haben, in der Regel innerhalb von zwei Minuten.

Emotionale Stresssituationen können nach Suizid tagsüber, beim Einschlafen oder nachts nach Träumen immer wieder auftreten. Auch belastende Gedanken sowie unangenehme Körperwahrnehmungen in Form von innerer Unruhe, Herzrasen und so weiter können mit dieser Methode gemildert werden. Auch hier ist eine regelmäßige Anwendung für den Erfolg förderlich.

Diese einfachen Übungen sind umso hilfreicher, da andere Maßnahmen, wie Entspannungsübungen, zur Regulierung innerer Anspannungen nach der Extrembelastung Suizid vorerst kontraindiziert sind. Sollten sich Grübeln oder Angstmomente nicht beeinflussen lassen, sind weitergehende Maßnahmen, eingeleitet durch den Hausarzt oder Psychiater, in Erwägung zu ziehen, um pathologische Entwicklungen einzugrenzen.

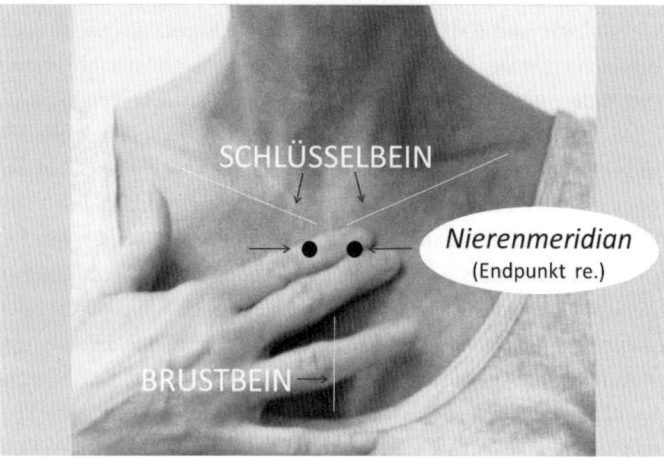

Abbildung 5: Regulieren von Belastungen mit EFT

Stärkung
Wenn Suizidbetroffene wieder »Boden unter den Füßen« haben, sind sie soweit stabilisiert, dass sie sich auf den nächsten Schritt in der Trauerarbeit einlassen können. Dies zeigt sich daran, dass sie weniger weinen, besser zuhören, mehr reden, sich öffnen können und weniger verzweifelt wirken.

Betroffene nehmen nun bewusst ihre Gedanken und aktuellen Emotionen wahr und können diese genau betrachten. So können ganz langsam und für kurze Momente neue Gedanken, positive Emotionen und auch wieder andere Körperempfindungen aufsteigen. Ressourcen können freigelegt werden.

Eine Frage des Begleiters zur Unterstützung in dieser Phase könnte lauten:»Wann haben Sie sich in Ihrem Leben – obwohl Sie in diesem Augenblick ganz allein waren – einmal richtig gut und sicher gefühlt?« Diese Frage löst in der Regel ein Suchen in den inneren Bildern und Erinnerungen aus. Trauernde finden mit Unterstützung des Trauerbegleiters Orte und Situationen, die sie mit Gefühlen von Sicherheit und Wohlbefinden verbinden. Durch die Imagination beginnt sich die Anspannung Betroffener zu lösen.

Um Trauernde zu neuen, positiven Sichtweisen zu verhelfen, bieten sich systemische Hilfsmittel, wie sogenannte offene W-Fragen, zirkuläre Fragen oder das Umdeuten (Reframing) aus dem NLP an. Zusammen mit dem Trauernden wird erkundet, wie er in seiner Situation neue Aspekte finden kann, die belastende Gedanken und Emotionen verändern und alternative Handlungsmöglichkeiten erlauben.

Neue Sicht- und Denkweisen anregen
Die Möglichkeit, Emotionen sowie das psychische Befinden Hinterbliebener zu beeinflussen, wird mithilfe der Methode *Reframing* zur Veränderung belastender in entlastende Sichtweisen in nachfolgenden Beispielen vorgestellt:
»Ich fühle mich so schlecht.« → Ich müsste mir Sorgen machen, wenn es mir nach dem, was geschehen ist, »sauwohl« gehen würde. – »Ich habe ihm nicht geglaubt.« → Ich habe ihm zugehört und die

Bedeutung seiner Worte nicht erfassen können. – »Ich glaube, ich habe ein Brett vor dem Kopf.« → Das Brett schützt mich, dass das an mir abprallt, was mich im Moment noch mehr verwirren würde. – »Meine Beine sind wie Blei.« → Meine Beine zeigen mir, dass ich einen Moment ausruhen soll. – »Wieso schaffe ich das nicht allein?« → Ich habe das Glück, dass mich andere unterstützen. – »Ich denke, ich bin verantwortlich.« → Meine Gedanken zeigen, wie sehr ich mich mit ihm verbunden fühle.

Veränderungen der psychischen Befindlichkeit können auch durch ein Vergleichen eines inneren Zustandes mit einem Hilfsmittel (Tierfiguren, Blätter, Steine etc.) in Verbindung mit zirkulären Fragen unterstützt werden. Begleitern zeigen sich nach einer Selbsttötung häufig Ohnmacht und Hilflosigkeit der Hinterbliebenen. Ein derartiger Zustand kann mit einer oder mehreren *Tierfiguren* dargestellt und verändert werden. Mithilfe des Tieres, beispielsweise einem Strauß, den Begleiter oder Trauernder aussuchen, kann der Betroffene aufgefordert werden, über seine aktuelle Befindlichkeit nachzudenken.

Begleiter: »Es kommt mir so vor, als seien Sie im Moment im Körper dieses Straußes gefangen und stecken den Kopf in den Sand.« – »Angenommen, jemand würde den Kopf in den Sand stecken und kommt nicht weiter. Was würden Sie diesem Menschen raten?« – »Was könnte er alles tun?« – »Was würden diese Ideen bei diesem Menschen bewirken?« – »Welchen ersten Schritt würden Sie ihm empfehlen?« – »Wäre das auch eine Möglichkeit für Sie?« – »Was müsste geschehen, damit auch Sie einen ersten Schritt in eine andere Richtung gehen können?«

Durch das Hinzuziehen von Tierfiguren und der Sichtweise eines anderen Menschen, der ratlos ist und feststeckt, werden bei Suizidtrauernden Denkprozesse angeregt, die sie in einem zweiten Schritt auf sich selbst übertragen können. Mit Blick durch die Brille einer anderen Person können so Lösungen gefunden werden, die wieder handlungsfähig machen und zu mehr Sicherheit sowie Selbstvertrauen führen. Dadurch wird auch der Selbstwert stabilisiert, der durch eine Selbsttötung in der Regel stark in Mitleidenschaft gezogen wurde. Auch körperliche Beeinträchtigungen wie Schmerzen oder Schlafstörungen können so günstig beeinflusst werden.

Ressourcen finden
Eine Möglichkeit, verdeckte Ressourcen aufzudecken, ist die bewusste Suche nach dem, was das Leben des Hinterbliebenen bereichert, was ihm Mut macht und ihn motiviert. Es können auch Ereignisse gesucht werden, die ihn – trotz allem – nicht entmutigt, sondern angeregt haben, seine Ziele weiter zu verfolgen. Es sind die kleinen und großen Momente im Leben Betroffener, auf die sie stolz sind, die sie glücklich machen, die mit dem Verlust verloren gegangen sind und die sie (wieder) entdecken müssen.

Verdeckte Ressourcen sind am besten mit Interventionen in Verbindung mit zirkulären oder offenen (systemischen) Fragen zu aktivieren. Es kann nach Persönlichkeitsanteilen, Fähigkeiten, Ereignissen sowie anderen Möglichkeiten und Alternativen gesucht werden, die Suizidtrauernden helfen, neue Energie zu finden. Es können Ziele in kleinen Teilschritten erarbeitet und in den Alltag umgesetzt werden. Wichtig ist, zu berücksichtigen, wozu der Betroffene in der Lage ist, was ihm möglich ist. Je kleiner die Schritte sind, umso größer ist die Wahrscheinlichkeit der Veränderung und umso motivierter, zuversichtlicher und leichter wird er sich fühlen.

Bei der Übung *Persönlichkeitsentfaltung* wird ein A4-Blatt viermal Kante auf Kante gefaltet, so dass ein »Papierpaket« von ca. 7,4 × 5,2 cm entsteht. Im ersten Schritt wird die sichtbare Oberseite des Papierbündels (siehe Fläche 1 in Abbildung 6 oben) mit einem Rahmen versehen. Der Betroffene wird aufgefordert, in diesen Rahmen ein Symbol oder ein Bild zu malen, das seine aktuelle Situation, sein aktuelles Problem darstellt. In Abbildung 6 unten zeichnete der Trauernde, der seinen Sohn verloren hatte, eine Träne als Symbol für sein Weinen, für das er sich schämte.

Nun wird das Papier einmal aufgefaltet und umgedreht, so dass die leere Fläche 2 oben liegt. Diese wird wieder eingerahmt. Jetzt soll der Hinterbliebene ein Symbol oder Bild finden, das verdeutlicht, was ihm richtig gut tut, was angenehme Gefühle in ihm auslöst. Im Fallbeispiel fand der Klient als Symbol die Sonne, die für die Liebe und Wärme seiner Frau stand.

So wird nun weiter verfahren (siehe Abbildung 6): Papier aufklappen, umdrehen, leere Fläche einrahmen, Bild oder Symbol finden und zeichnen. In Fläche 3 malte der Betroffene im Fallbeispiel auf die Frage, was er richtig gut kann, worauf er richtig stolz ist, einen Wasserhahn als Symbol dafür, dass er diese reparieren kann. In Fläche 4 zeichnete er auf die Frage nach einer persönlichen Eigenschaft, die Partner, Freunde, Kinder, Kollegen oder andere besonders an ihm schätzen beziehungsweise vor dem Verlust an ihm geschätzt haben, als Symbol ein Gesicht für sein Lachen.

Im letzten Schritt wird das A4-Blatt komplett aufgefaltet und umgedreht. Auf die noch leere Rückseite (Fläche 5) malt der Trauernde ein Bild oder Symbol für das, was er als Nächstes erreichen möchte beziehungsweise was er tun wird, um zu seinem Ziel zu gelangen. Im Praxisbeispiel zeichnete der Klient die Trauergruppe, der er sich anschließen wollte.

Im Anschluss an diese Intervention kann mit Betroffenen besprochen und erarbeitet werden, was sie aus dieser Übung mitnehmen. Im Fall aus der Praxis erkannte der Hinterbliebene, als er die Vorderseite betrachtete:

1. »Meine Trauer ist wichtig. Sie ist ein Teil von mir. Aber sie ist nur ein kleiner Teil. In mir ist noch viel mehr, auf das ich schauen und das ich nutzen kann.«
2. »Ich habe etwas, was mir gut tut, was mich

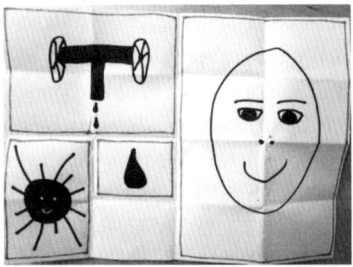

Abbildung 6: Persönlichkeitsentfaltung

stärkt, was mir helfen kann, den Verlust zu überwinden, meine Partnerin, ihre Liebe und Wärme.«
3. »Ich habe etwas, was mich stolz macht und was ich besonders gut kann, womit ich anderen helfen, meine Familie versorgen kann. Ich bin wichtig.«
4. »Meine Kinder und meine Frau schätzen an mir mein Lachen. Ich will versuchen, es wiederzuentdecken und öfter einzusetzen, damit es mir wieder besser geht.«

Das Betrachten der Rückseite führte beim Klienten zu der Erkenntnis: »Ich kann in der Gegenwart etwas tun. Ich habe Ziele, die meinem Leben einen Sinn geben. Ich sehe erste Schritte in die Zukunft, auch wenn mein Sohn nicht mehr bei uns ist.«

Diese Intervention trägt durch die Visualisierung und die Reihenfolge der Schritte dazu bei, dass – wie die Träne in Abbildung 6 unten zeigt – das Problem symbolisch verkleinert wird, die Fähigkeiten in den Blick gerückt, neue Ziele erarbeitet, neuer Lebensmut, ein neuer Lebenssinn gefunden und dadurch der Selbstwert gestärkt werden. Wichtig bei dieser Übung ist das Malen, da die zu den Bildern geweckten Assoziationen und Botschaften helfen, das besser zu verstehen, was der Trauernde denkt und ausdrücken möchte.

Wie in Abbildung 4 (Seite 93) gezeigt, spricht Malen zusätzliche Gehirnregionen an, so dass diese Intervention Kreativität, Spontaneität, Neugier und Intuition anregt, die nach einer Selbsttötung oft verloren gegangen sind. Befürchtungen wie »Ich bin kein guter Zeichner« sind in der Regel nach dem ersten Symbol beziehungsweise Bild verschwunden.

In der Phase der Stärkung erkennt der Trauernde Zusammenhänge, er erhält einen Überblick über das, was ihm möglich ist. Das gibt ihm Struktur, Ordnung und Zuversicht. Diese Schritte geben neue Energie und können helfen, Betroffene vor Überforderung und pathologischen Entwicklungen nach einem Suizid zu schützen.

Akzeptanz

Erst wenn Hinterbliebene sich sicherer und stabiler fühlen und Ressourcen (wieder) entdeckt haben, sind sie in der Lage, sich mit dem Geschehenen näher auseinanderzusetzen. Wenn in einer früheren Phase des Trauerprozesses die Art des Todes immer wieder umkreist und die Vergangenheit mit dem Verstorbenen unkontrolliert auf Vermutungen und Phantasien zu seinem Tod reduziert wird, besteht die Gefahr der Überforderung. Gleichzeitig werden die Erinnerungen an schöne Momente von Bildern des Schreckens überlagert und blockiert.

Nach Stabilisierung und Stärkung geht es Betroffenen so gut, dass sie sich dem Schritt der Akzeptanz, für sie ein sehr schwerer Schritt, stellen können. Die Trauerarbeit wird häufig an dieser Stelle unterbrochen oder vorzeitig beendet. Es ist auch möglich, dass zwischen Phase 1 (Stabilisierung) und 2 (Stärkung) und dem Schritt der Akzeptanz Monate oder Jahre vergehen.

Für die Verarbeitung des Erlebten und vor allem für die Gestaltung der eigenen Zukunft ist es wichtig, das Geschehene zu akzeptieren. In diesen Teil der Trauerarbeit fällt all das, was mit der Art und Weise des Todes, mit dem Schritt des Verstorbenen und den Reaktionen anderer im Zusammenhang steht. Es geht auch jetzt vordergründig um die Persönlichkeit des Trauernden und des Verstorbenen. Details zur Todesart tragen nicht zur Akzeptanz des Geschehenen bei. Es gehört zu den schwierigen Aufgaben von Trauerbegleitern, nach der Selbsttötung Betroffene anzuregen und zu unterstützen, die Phase des Akzeptierens zu durchlaufen.

Ziel ist das Erkennen, dass der Hinterbliebene an dem, was geschehen ist, nichts ändern konnte, dass er nach bestem Wissen und Gewissen gehandelt und den Suizid nicht zu verantworten hat; dass er alles getan hat, was er konnte – das, was ihm möglich war. Suizidtrauernde begreifen, dass sie auf die immer wiederkehrenden Fragen vielleicht nie eine Antwort finden werden, aber auch, dass sich ihre Gefühle regulieren. Des Weiteren beginnen sie mit Unterstützung des Begleiters zu akzeptieren, dass der Verstorbene sich nicht öffnen konnte, seine eigene Entscheidung getroffen hat und seinen eigenen Weg gegangen ist. Sie finden Trost in der Hoffnung, dass er seinen Frieden gefunden hat.

Hinterbliebene erkennen nun auch, dass das Umfeld – Nachbarn, Bekannte, Kollegen und andere – von Vorurteilen, Angst und Unsicherheit gesteuert wird, wenn sie aus Erklärungsnot von Schuld und Verantwortung sprechen, dass sie rat- und hilflos, manchmal sprachlos sind, wenn sie sich nicht melden, dass sie nicht in der Lage sind, mit dem Geschehenen umzugehen, und sich deshalb distanzieren.

Da sich aufgrund erster emotionaler Entlastung die Aufnahmefähigkeit gebessert hat, kann es auch in dieser Phase hilfreich sein, die zwei Hinweise aus der Stabilisierungsphase zu *Schuld* und *Nichtverstehen-Können* zu thematisieren. Dadurch kann eine weitere Erleichterung erlebt und die Selbsttötung als Entscheidung des Verstorbenen angenommen werden. Außerdem kann der Unterschied zwischen Schuldkonstrukten und tatsächlichen Schuldanteilen zum Thema gemacht werden. Betroffene sind nun meist in der Lage, zu differenzieren zwischen unbewusst ablaufenden Verhaltensweisen, Reaktionen, Entwicklungen und bewusst gesteuerten, geplanten, vorsätzlichen Handlungen oder Unterlassungen, die als schuldhaft gewertet werden könnten. Sie sehen Zusammenhänge und können beginnen, sich von Schuldideen und -phantasien zu lösen. Eigene Versäumnisse und Anteile an der Entwicklung können zugeordnet und Schritt für Schritt akzeptiert werden.

Unter Anleitung des Begleiters unterstützen Interventionen in dieser Phase Trauernde, nun über den Verstorbenen, über gemeinsam Erlebtes, über schöne Ereignisse und auch über Entwicklungen, die den Suizid begünstigten oder auslösten, nachzudenken und zu reden. Neben Trauer und Verlustschmerz können so auch Verständnis und Dankbarkeit entstehen. Als Rituale in der Phase der Akzeptanz haben sich in meiner Praxis besonders bewährt:
- Den Betroffenen mit dem Verstorbenen in einen »Dialog« treten lassen zu Themen wie: »Was ich dir noch sagen wollte.« – »Wofür ich dir dankbar bin.« – »Was mich traurig macht *und* was mich glücklich macht beim Gedanken an dich.«

- Ein Foto des Verstorbenen oder mehrere Bilder aus verschiedenen Zeiten und unterschiedlichen Situationen betrachten und über den Verstorbenen und gemeinsame Erlebnisse erzählen lassen.
- Einen Brief an den Verstorbenen schreiben lassen.

Als besonders wertvoll werden von Hinterbliebenen die zwei nachfolgenden Interventionen mit Hilfsmitteln eingestuft, da sie einen Zugang zu dem schaffen, was vor der Selbsttötung des Verstorbenen nicht zugänglich war. Beide Maßnahmen entlasten und sie erleichtern das Akzeptieren des Geschehenen.

Einengung nachempfinden

Wenn ein Mensch seine Situation ausweglos sieht und nicht mehr daran glauben kann, dass es Möglichkeiten für eine Veränderung, eine Entscheidung oder die Linderung seines – oft seelischen – Schmerzes gibt, und wenn sich in dieser Spirale Selbsttötungsimpulse aufdrängen, kommt es in der Regel zu der beschriebenen Tunnelhaltung. Die Idee vom Suizid als (Er-)Lösung nimmt immer mehr Gestalt an. Diese fokussierte Sichtweise führt dazu, dass die Lebenssituation nur noch negativ eingeschätzt wird. Der Verstorbene kann wie mit Scheuklappen sein Leben und seine Umgebung lediglich in einem eng begrenzten Rahmen wahrnehmen. Der Rest ist ihm nicht mehr zugänglich. Damit Hinterbliebene sich in diese Situation einfühlen können, kann mit der Intervention *Tunnelblick* mithilfe eines Textes (Abbildung 7 oben) am Flipchart oder auf einem Tapetenrest und einem beispielsweise aus Pappe gebastelten Trichter (Abbildung 7 unten) die Einengung anschaulich gezeigt werden.

Der Hinterbliebene wird aufgefordert, den Trichter mit der größeren Öffnung so vor sein Gesicht zu halten, dass er lediglich den mit »1« und »2« beschrifteten Bereich auf dem Papier im Visier hat. Dann wird er angeleitet, den im Fokus liegenden Text (Spalte 1 und 2) von oben nach unten zu lesen und nachzuspüren, wie die Einengung und die Worte auf ihn wirken.

Im nächsten Schritt entfernt der Trauernde den Trichter. Sein Blick kann sich weiten und nachdem er den gesamten Text zwischen

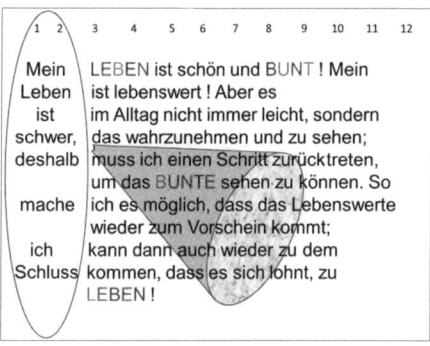

TEXT

TRICHTER

Abbildung 7: Einengung – Tunnelblick

»1« und »12« gelesen hat, kann er den tatsächlichen Inhalt des Textes erfassen. Der Hinterbliebene kann nun auch Farben sehen. Abschließend soll er seinen Gedanken und Emotionen nachspüren.

Die Übung soll Hinterbliebenen zeigen, dass flexibles Reagieren und angemessenes Agieren dem Verstorbenen nicht mehr möglich waren. Mit Trauernden können dann Denkfehler, Musterbildung, psychische Störungen, emotionale Entgleisung und biochemische Veränderungen im Gehirn thematisiert werden. So können sie erkennen, wie viele mögliche Faktoren Einfluss auf die Entwicklung gehabt haben können. Hinterbliebene können dann unterstützt werden, nach schweren, belastenden und erdrückenden Gedanken oder vermeintlichen Überzeugungen im Sinne von Denkfehlern zu suchen, die unter anderem durch den Tunnelblick die weitere Entwicklung beeinflusst haben können, so dass der zum Überleben notwendige Selbstwert in sich zusammenfiel. In der Praxis werden beispielsweise Gedanken oder Sätze der Verstorbenen gefunden wie: »Eigentlich war ich noch nie richtig glücklich.« – »Ich bin ein absoluter Versager.« – »Ich habe alles vermasselt.« – »Es gibt kein Zurück.« – »Es wird sich nie etwas ändern.« – »Ich bin selbst schuld.« – »Ich bin unzumutbar.« – »Dann kann mir keiner mehr weh tun.« – »Alles ist aus.« – »Mich wird sowieso niemand vermissen.«

Das Ergebnis zeigt Betroffenen, wie Denkfehler, Tunnelblick und andere Faktoren die suizidale Entwicklung vorangetrieben haben. Dies trägt zur langfristigen Entlastung bei und schafft Distanz von eigenen Handlungen oder Versäumnissen.

Sich in den Verstorbenen hineinversetzen

Die Intervention *Regenbogen* spricht viele Sinneskanäle an. Sie kann damit den Trauerprozess nach einem Suizid aktiv untersützen. Sie dient dem Nachempfinden der Gefühlslage des Verstorbenen und der Akzeptanz seiner Entscheidung.

Als Erstes wird am Flipchart oder auf einem Rest Tapete, der an der Wand befestigt wird, ein Bild vorbereitet, wie es in Abbildung 8 links zu sehen ist.

Dem Hinterbliebenen oder den Gruppenteilnehmern wird das linke Bild in einem entsprechend würdigen und ruhigen Rahmen (Stimmlage, Körperhaltung, Ruhe, Raum- und Lichtverhältnisse etc. beachten) mitfühlend beschrieben:

Erwägung: »Der Verstorbene steht da, von seiner gefühlten Last erdrückt, seinem empfundenen Schmerz gebeugt, von Angst erfüllt, und leidet. Er ist voller Qualen, hilflos und verzweifelt.«

Ambivalenz: »Er ist hin- und hergerissen. Er möchte einerseits die Menschen, die er liebt, nicht verlassen. Andererseits sind Last, Schmerz und Angst so unerträglich, dass es unmöglich ist, diese Qualen länger auszuhalten. Tunnelblick und mögliche biochemische Veränderungen im Gehirn verhindern, dass er sich von Suizidimpulsen distanzieren kann.«

Erlösung: »Der Verstorbene verlässt die für ihn bedrückende, schwere, nur noch schwarz erscheinende Erde. Er durchschreitet den symbolhaften Regenbogen und empfindet Erlösung und Erleichterung. Er hat nun das erreicht, was ihm auf der Erde verwehrt beziehungsweise nicht (mehr) möglich war, wahrzunehmen und zu finden. Er hat das Belastende ablegen können und fühlt sich jetzt leicht und befreit.«

Der Einsatz von drei Musikstücken mit unterschiedlichen Ton- und Ausdrucksarten sowie Tempi kann das Nachempfinden der Gedanken und Emotionen des Verstorbenen wirkungsvoll unterstützen. Das erste Musikstück in Moll und traurig-klagend-schwerer Ausdrucksweise soll die Verzweiflung, Hoffnungslosigkeit und die Qualen, die Wut, die Aggression oder die Leere widerspiegeln. Mit dem zweiten Stück in einem drängend-eilenden Auf und Ab können Suizidtrauernde die Ambivalenz spüren, die den Verstorbenen angetrieben hat. Das letzte Musikstück in Dur und Allegro unterstützt Hinterbliebene, die Erlösung und Erleichterung, die Freude und das Glück wahrzunehmen, das der Verstorbene nun gefunden hat. Mit geschlossenen Augen oder mit Blick auf das Bild in Ab-

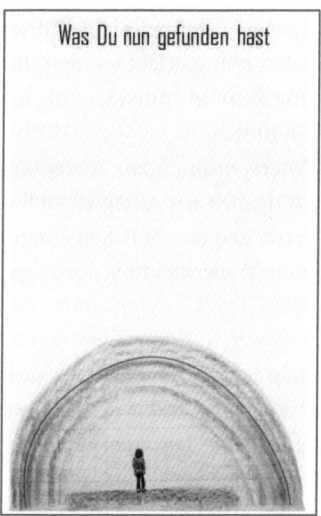 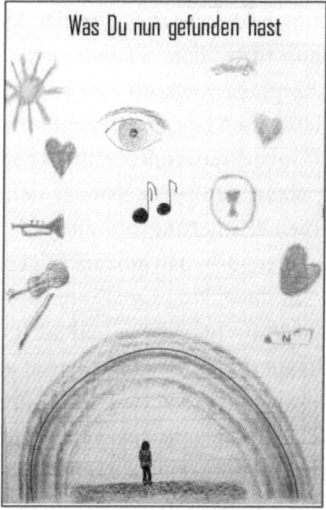

Abbildung 8: Intervention »Regenbogen«

bildung 8 kann der stattgefundene innerpsychische Prozess, den der Verstorbene durchlief, eindrucksvoll nachempfunden werden. Anschließend kann das Bild von Betroffenen gestaltet werden. Es können Symbole, Gegenstände oder kleine Szenen für das verwendet werden, was der Verstorbene jetzt gefunden beziehungsweise mitgenommen hat. In Abbildung 8 rechts ist zu sehen, dass die Teilnehmer der Trauergruppe mehrfach ein Herz malten, das für »Liebe« steht, sowie eine Sonne, die »Wärme« und »Inneren Frieden« für den Verstorbenen bedeuten. Auch Angstfreiheit, Sicherheit, schöne Erinnerungen wünschen Hinterbliebene ihren verstorbenen Angehörigen.

Direkt nach einem Suizid fallen Verstehen, Erkennen von Zusammenhängen und Akzeptieren dessen, was geschehen ist, Betroffenen sehr schwer. In dieser Trauerphase und mit Interventionen wie diesen beiden (die sinnvollerweise in dieser Reihenfolge durchgeführt werden) gelingt es – besonders im Gruppenkontext durch den gemeinsamen Austausch –, mit Musik und Bildgestaltung, sich diesem unbegreiflichen Schritt des Verstorbenen, seinen Gedanken und Gefühlen anzunähern. Durch die erfahrene Hoffnung und den Trost, dass der Angehörige nicht mehr leiden muss, kann trotz allem Schmerz auch Erleichterung erlebt werden und Akzeptanz wachsen. Die Selbsttötung kann als unwiderrufliches Geschehen langsam angenommen werden.

Suizidtrauernden fällt es nach Interventionen zur Akzeptanz leichter, sich beispielsweise neuen Aufgaben im Alltag zu stellen, einen Erinnerungsort mit Fotos, Kerzen und persönlichen Dingen des Verstorbenen einzurichten oder die Trauerkleidung abzulegen.

Integration

Bis die Phase der Integration erreicht ist, vergehen oft mehrere Jahre der Trauer. Es geht dann um das Aufnehmen des Ereignisses in die eigene Lebensgeschichte, was mit dem Schritt der Akzeptanz des Geschehenen begann. Emotionen wie Ärger oder Wut und Schuldideen haben sich weitgehend aufgelöst oder sind geklärt und behindern den Alltag nicht mehr. Das eigene Leben ist in den

Vordergrund gerückt. Nun stehen Schritte an, wie das persönliche Lebenskonzept, eigene Wertvorstellungen und Bedürfnisse zu überdenken und neu zu gestalten.

Zur Integration kann es auch gehören, dass Hinterbliebene den Wunsch entwickeln, mehr zu den Umständen des Todes des Angehörigen oder auch Allgemeines zu Suizidalität zu erfahren. Dies ist im Gegensatz zu vielen anderen Bereichen, in denen in der Regel allgemeine Informationen am Anfang eingeholt werden, Betroffenen nach einem Suizid erst zum Ende des Trauerprozesses möglich.

Manche Suizidbetroffene sind an statistischen Daten interessiert, andere wollen Näheres wissen zur Entwicklung bestimmter psychischer Störungen. Auch das beschriebene Phänomen, dass Verstorbene sich nach außen hin nicht so zeigen konnten, wie es in ihrem Inneren aussah, wie sie sich tatsächlich fühlten – was für viele Hinterbliebene sehr belastend ist –, kann Thema werden.

An dieser Stelle können – wenn Hinterbliebene es wünschen und es weiter entlasten kann – gemeinsam begünstigende und auslösende Risikofaktoren gesucht werden. Dies kann durch einen *emotionalen Lebenslauf* des Verstorbenen erfolgen, in dem neben den zeitlichen und situationsbedingten Entwicklungen auch die (vermuteten oder erlebten) Gefühle der im Lebenslauf beschriebenen Personen berücksichtigt werden.

Eine Möglichkeit aus der systemischen Arbeit ist die Erstellung eines *Genogramms* zusammen mit dem Trauernden. In der Regel wirken diese Interventionen zum Aufdecken von Risikofaktoren noch einmal sehr entlastend, da Suizidbetroffene endgültig akzeptieren und verstehen können, dass allein der Verstorbene diese Entwicklung durchlaufen ist, diesen Bedingungen unterlegen war und die Entscheidung getroffen hat, diesen Weg zu gehen. Sie erkennen, dass sie es hätten nicht verhindern können.

In dieser Phase können – wenn noch nicht geschehen – konkrete Versäumnisse oder Aktionen, die der Suizidtrauernde als seinen Anteil am Geschehen jetzt sehen kann, zusammen mit der Unterstützung des Begleiters betrachtet werden. So können belastende Restemotionen oder Selbstvorwürfe, die bisher halfen, die

Ohnmacht zu begrenzen und die den Hinterbliebenen bisher eng mit dem Verstorbenen verbanden, abgelegt werden. Dadurch wird es möglich, dass Trauernde sich verzeihen können.

Suizidtrauernde erkennen, dass ihnen Handlungsalternativen, die sie heute sehen, damals aufgrund ihres persönlichen Reifegrades und Wissensstandes noch nicht zur Verfügung standen. Der Satz »Ich habe alles getan, was mir damals möglich war!« auf einer Moderationskarte, die der Suizidtrauernde mitnimmt, kann die Integration unterstützen.

Das von Außenstehenden oder in manchen Trauerbüchern empfohlene »Loslassen« des Toten ist – egal, wie der Angehörige verstorben ist – für viele Hinterbliebene kaum vorstellbar. Aus systemischer Sicht, aufgrund eigener Verlusterfahrungen und der Erfahrungen in der Genogrammarbeit oder am Systembrett mit Klienten gehören die Verstorbenen zum System (Familie) der Lebenden. Diese Sichtweise regen auch andere Autoren wie beispielsweise Chris Paul oder Roland Kachler an.

Es ist für die Integration des Geschehens hilfreich, mindestens zu einem Termin in Beratung oder Begleitung zusammen mit dem Trauernden den Blick auf sein System beziehungsweise seine Systeme (Herkunftsfamilie/Familie, Beziehung) zu richten, um jedem – Verstorbenen genauso wie Trauernden – einen Platz einzuräumen. Dies ermöglicht, einen angemessenen Ort für den Verstorbenen im System zu finden. Durch diese Betrachtungen wird sichtbar, ob der Suizid in die Familiengeschichte eingeordnet werden konnte oder ob er zu einem »Schwarzen Fleck« in der Familienchronik geführt hat, der mit Scham oder Schuld besetzt ist. Aufgabe ist es dann, eine Brücke vom Verstorbenen zu den Lebenden zu bauen und dem Suizidenten einen Raum in der Erinnerung Hinterbliebener zu schaffen.

Als Interventionen in dieser letzten Phase bietet sich alles an, was der Klärung, dem Verständnis und Erkennen von Zusammenhängen dient. Interventionen zur Bearbeitung von belastenden Restemotionen und zum Anregen neuer Ideen können diese Trauerphase nach einem Suizid unterstützen.

Belastende Restemotionen verändern

Es hat sich in der Praxis gezeigt – und Neurophysiologen bestätigen dies –, dass nicht nur visuelle, auditive oder olfaktorische Erinnerungen an Menschen, Ereignisse, Situationen mit entsprechenden Emotionen im Gehirn abgespeichert werden. Auch entsprechenden Sätze oder Worte sind mit Empfindungen belegt. Wenn beispielsweise die Beziehung zu einem Menschen angenehm ist, ist der Name dieser Person mit angenehmen Gefühlen verbunden und auch spezifische Sätze oder Worte zu ihr sind entsprechend abgespeichert. Wenn dagegen eine Beziehung, eine Erinnerung oder Situation belastet, sind auch entsprechende Wörter oder Sätze dazu mit unangenehmen Emotionen im Gehirn verbunden.

Die emotionale Qualität abgespeicherter Sätze und Worte hat Einfluss auf die Einstellung gegenüber Situationen, Beziehungen und Erinnerungen. Aufgrund der hirntypischen Besonderheit, sich durch neuronale Verknüpfungen verändern zu können, ist es möglich, sich auf notwendige Entwicklungen einzustellen und sich anzupassen. Auch belastende Sätze und Worte sowie andere Befindlichkeiten können verändert werden, wodurch sich die psychische Verfassung bessert. Eine im Folgenden beschriebene Methode (die auch in Kombination mit NLP, Hypnose oder wingwave® eingesetzt wird) kann negativ belegte Worte und Sätze verändern und nach einem Verlust sehr hilfreich sein.

Wenn sich zeigt, dass bestimmte Themen Hinterbliebene emotional und gedanklich noch belasten, kann mit der Intervention *Magic Words* erforscht werden, wie dieses Problem (Situation in der Vergangenheit, Name des Verstorbenen oder anderer Personen, Befürchtung in der Zukunft und anderes mehr) als Wort oder Satz in der inneren Vorstellung abgespeichert ist. Der Betroffene wird im ersten Schritt aufgefordert, mit seiner Wahrnehmung nach innen zu gehen und Wort oder Satz unter Anleitung des Begleiters visuell, auditiv, kinästhetisch, olfaktorisch und gustatorisch zu untersuchen. Am Beispiel des Wortes »Trauer« (Abbildung 9) soll dies gezeigt werden.

Visuell: »Was sehen Sie vor Ihrem inneren Auge, wenn Sie sich das Wort ›Trauer‹ vorstellen?« Es können Schreibweise (Groß- oder Kleinbuchstaben, in Druck- oder Schreibschrift) und grafische Gestaltung (mit Bleistift oder dickem Pinsel, Hintergrundfarbe, Buchstabengröße und Farbe der Buchstaben, Schriftverlauf sowie Platzierung vor dem Hintergrund) überprüft werden.

Auditiv: »Was hören Sie beim Gedanken an ›Trauer‹? Spüren Sie nach, wie sich ›Trauer‹ anhört, wer das Wort ausspricht.«

Der Stimme (Mann, Frau, Kind), Lautstärke, Tonhöhe und dem Tempo der Aussprache kann nachgegangen werden. Auch Geräusche können mit dem Wort verbunden sind (beispielsweise Kirchenglocken).

Kinästhetisch: »Wie fühlt sich ›Trauer‹ in Ihrer inneren Wahrnehmung an? Woraus sind die einzelnen Buchstaben?« Das Wort »Trauer« kann eine bestimmte fühlbare Beschaffenheit (schwer, leicht, spitz, rund, warm, kalt usw.) haben. Die Buchstaben können beispielsweise aus Blei, Beton, Eiswürfeln oder Wattebällchen, Gummibärchen oder Blüten sein.

Olfaktorisch/gustatorisch: »Welcher Geruch oder Geschmack ist mit ›Trauer‹ verbunden?« Das Wort kann beispielsweise nach Erde riechen oder nach Papier schmecken.

In der Regel zeigt die Beschreibung dem Trauernden sein Verhältnis zum belastenden Thema. Hinterbliebene sind oft erstaunt, welche Vielfalt an inneren Eindrücken zutage kommt. Es muss selbstverständlich nicht jede Modalität abgefragt und gefunden werden. Auch wenn kein Geruch oder Geschmack erspürt werden kann, ist die Intervention hilfreich.

Berater oder Begleiter schreiben die gefundenen Sinneseindrücke mit, um sie im zweiten Schritt zusammen mit dem Suizidtrauernden zu verändern. Wort oder Satz werden mit dem gleichen Ablauf, wie oben unter Schritt eins beschrieben, neu gestaltet. Die notierten inneren Wahrnehmungen können dazu dienen, Betroffene im Veränderungsprozess zu unterstützen. Meist finden Hinterbliebene schnell Alternativen der Gestaltung, wie das Beispiel in Abbildung 9 zeigt. Wichtig ist es, Trauernden den Sinn der Intervention, nämlich Wort oder Satz mit angenehmen beziehungsweise neutralen Gefühlen zu verbinden, zu erklären. So verbindet der Trauernde den Satz oder das Wort nach der Veränderung dann mit Empfindungen wie »harmlos, machbar, verkraftbar, unwichtig, leichter, erfreulicher« und so weiter.

Unterstützt werden kann dieser Prozess, indem Wort oder Satz vor und nach der Veränderung vom Hinterbliebenen auf Papier oder mit anderem Material farblich gestaltet werden.

Abbildung 9: Belastende Wörter verändern

Das Beispiel zeigt, wie das Wort »Trauer« (oben im Bild) beim Betroffenen ein Gefühl von Schwere auslöste, wie es ihn nach unten zog und bedrückend oder beängstigend wirkte. Nach der Veränderung (unten im Bild) entstand aufgrund der anderen Größe, Position, Schreibweise und Farbgestaltung bei ihm das Gefühl, die Trauer »einladen« zu können, sich mit ihr arrangieren, auseinandersetzen und den noch bestehenden »wunden Punkt« (gekennzeichnet beispielsweise durch einen roten Buchstaben) bearbeiten zu können.

Ähnlich kann man mit belastenden *inneren Bildern* (zum Beispiel dem Fundort des Verstorbenen) oder *Tönen* verfahren, wenn diese noch besonders im Bewusstsein haften. Bilder können (wie mit einem Bildbearbeitungsprogramm am PC) verkleinert, heller und mit weniger Kontrast versehen, schwarz-weiß, verzerrt, weichgezeichnet oder transparent gestaltet werden. Bestimmte Stellen im Bild können ausradiert oder übermalt werden. Stimmen oder Geräusche können höher oder tiefer eingestellt, schneller oder langsamer abgespult, verzerrt oder mit anderen Tönen überlagert oder ausgetauscht werden.

In der Praxis hat sich gezeigt, dass Interventionen zur Veränderung belastender Erfahrungen besonders entlastend wirken, wenn sie der Hinterbliebene später im Alltag solange einsetzt, bis die Erinnerungen sich aufgrund der Musterbildung anhaltend verändert haben.

Zu beachten ist, dass es sich bei belastenden Emotionen nicht um pathologische Reaktionen handeln darf, die beispielsweise mit Flashbacks verbunden sind, die sich immer wieder aufdrängen (Posttraumatische Belastungsstörung). Die emotionale Belastung bei bestimmten Wörtern oder Sätzen sollte nicht zu Panik, Weinkrämpfen oder anderen schweren Stressreaktionen führen. Pathologische Veränderungen in der Trauer gehören in die Hände von Trauma- beziehungsweise Psychotherapeuten.

Neue Erfahrungen ermöglichen

Um Veränderungen nach einem Verlust zu erreichen, wie die Zukunft gestalten oder neuen Lebenssinn finden, bieten sich Hilfsmittel wie *Metaphern, Geschichten, Märchen, Gedichte* oder *Sprüche* an. Sie können wie Türöffner in die Zukunft wirken. Sie regen die Phantasie an, sich mit den Umschreibungen, Andeutungen, dem, was in Geschichten zwischen den Zeilen versteckt ist, auseinanderzusetzen und durch Assoziation eigene Deutungen zu finden.

Integration heißt im Rahmen dieses letzten Schrittes vielfach Vergebung. Hilfreicher als beispielsweise der Ratschlag »Sie müssen lernen, ihm zu vergeben!« sind Metaphern, wie die vom »Weißen Tuch im Apfelbaum« von Axel Kühner (2005), in der die Eltern ihrem Sohn vergeben. Hilfsmittel wie diese Geschichte regen angenehme Emotionen an. Dadurch wird es möglich, sich zu öffnen und mit den Augen eines anderen Menschen auf die eigene Geschichte zu blicken, in sich Lücken zu schließen, Tore zu öffnen und Wege zu ebnen.

Fotos oder Ansichtskarten (mit oder ohne Sprüche) haben eine ähnliche Wirkung. Suizidtrauernde können zu Veränderungen angeregt werden mit Fragen wie: »Was hat das Motiv mit Ihrer Situation zu tun?« – »Was könnten Sie an Ihrer Situation verändern, wenn Sie das Bild betrachten?« Hilfreich ist es, Bilder zu finden, die das Gegenteil dessen vermitteln, was Suizidbetroffene noch belastet. Zum Beispiel Motive, die eine Assoziation von Leichtigkeit auslösen, nehmen die Schwere; Bilder, auf denen Motive in Bewegung sind, lösen die Starre und geben das Gefühl, es geht weiter (vgl. Abbildung 10).

Eine andere Möglichkeit, die zum Abschluss des Trauerprozesses, zur Gestaltung des Lebens und der Zukunft erarbeitet werden kann, ist, einen Brief an die Trauer selbst zu schreiben. Darin kann auch die Erlaubnis formuliert werden, das Leben leben, eigene Wege gehen oder eine neue Beziehung eingehen zu können. Betroffene werden dadurch wieder aktiv. Viele sind erst am Ende dieser Phase in der Lage, bewusst zu entspannen, Musik zu hören, ein Buch zu lesen und das Leben zu genießen.

Wenn das Einschlafen noch gestört ist, kann die Übung *Stopp* aus der Stabilisierungsphase (Seite 98) jetzt dafür sorgen, dass der Trauernde bewusst Regeneration und Entspannung unterstützt. Er kann sich auf angenehme, innere Bilder, zum Beispiel einen Strand, und erinnerte Töne oder Geräusche, wie Meeresrauschen, und auch

Abbildung 10: Veränderung anregen (Leichtigkeit – Bewegung)

Gerüche, wie salzige Luft, konzentrieren. Er sieht, hört und versucht genau zu riechen, was die Situation so angenehm und einzigartig macht. Er achtet dabei bewusst auf seine Atmung und spürt nach, wie sich der Brustkorb langsam hebt und senkt, im gleichen Rhythmus wie Wellen, die kommen und gehen. Mit dieser Übung – regelmäßig eingesetzt – kann der Trauernde nicht nur seinen Schlaf verbessern, sondern langfristig auch Aufmerksamkeits- und Konzentrationsschwierigkeiten beheben.

Hinterbliebene haben nun neue Lebensperspektiven entwickelt, sie können ihr Leben wieder genießen, ihre Zukunft planen, auch wenn der Suizid – in die Lebensgeschichte integriert – immer Teil der Gedanken und Emotionen bleiben wird. Betroffene haben sich ihre zerbrochenen Träume und Enttäuschungen angesehen, sie verarbeitet und für sich und eventuell ihre Kinder Alternativen entwickelt. Sie können sich nun Aktionen zuwenden, wie die Sachen des Verstorbenen wegräumen oder sich von persönlichen Dingen, wie beispielsweise einem Abschiedsbrief, von denen sie sich nun trennen können und wollen, in einem Ritual verabschieden (verbrennen, vergraben usw.). Sie können als Zeichen für das Ende der Trauer sich etwas Neuem zuwenden: Reise, Umzug, neue Frisur und anderem mehr.

Der Beratungs- oder Begleitungsprozess kann sinnvoll mit einem Symbol, einer Karte, einem Spruch, einer Geschichte und anderen Ritualen, wie sie beispielsweise von Christa Pauls, Uwe Sanneck und Anja Wiese in »Rituale in der Trauer« (2007) zu finden sind, bewusst und erfolgreich beendet werden.

Wenn der Schritt – den Suizid als die Entscheidung des Verstorbenen zu akzeptieren und in die eigene Lebensgeschichte zu integrieren – gelingt, ist es den Betroffenen möglich, ihr Leben neu zu ordnen, sich auf neue Beziehungen einzulassen, neue Pläne zu schmieden sowie hoffnungsvoll und zuversichtlich in die Zukunft zu blicken. Es ist ihnen gelungen, den Verlust zu verarbeiten und dem Verstorbenen einen Platz in ihrer Erinnerung zu geben.

Trauerbegleitung bei Suizidalität

Den Suizid akzeptieren und annehmen ist nicht gelungen, wenn sich bedrückende Gedanken so »ins Gehirn eingebrannt« haben, dass sie sich immer wieder aufdrängen oder ungeklärte Fragen immer wieder durchgearbeitet werden. Wenn Hinterbliebene weiter erfolglos nach Antworten suchen, wenn Grübelattacken nicht unterbrochen werden können und wenn sich aufgrund offener Fragen Phantasien entwickelt haben, deren Ausmaß immer mehr belastet, können stressende Emotionen sich nicht regulieren. Dadurch kann es regelmäßig oder dauerhaft zu psychischer und physischer Überlastung kommen. Diese kann mit Suizidalität einhergehen.

Betroffene sind dankbar, wenn entsprechende Wahrnehmungen vom Trauerbegleiter angesprochen werden. So ist es möglich, suizidale Entwicklungen in der Trauer nach einer Selbsttötung aufzudecken, wenn es Hinterbliebenen nicht möglich ist, sie anzusprechen.

Suizidale Tendenzen können mit konkreten Fragen von Nachsterbewünschen, die als Zeichen einer momentanen Anpassungsschwierigkeit gewertet werden können, unterschieden werden. Eher gegen eine akute Suizidgefahr in der Trauer spricht die Möglichkeit Hinterbliebener, zu erkennen, dass der Nachsterbewunsch durch den Verlust ausgelöst wurde, nicht durch Sehnsucht nach Ruhe, Frieden und Erlösung beziehungsweise nach dem Tod. Das Erkennen und Aussprechen, dass ein Suizid keine Lösung ist, um den Schmerz zu lindern und den Verlust zu verarbeiten, oder konkrete positive Aussagen über die eigene Person, beispielsweise »Ich bin stolz« – »Ich bin dankbar« – »Ich bin zufrieden« – »Andere brauchen mich«, sind als Zeichen zu sehen, die eher gegen akute Suizidalität sprechen. Auch wertschätzende Äußerungen über das soziale Umfeld, Erzählen vom Partner, von Freunden, Kindern oder Enkeln oder regelmäßige Besuche von Angehörigen, Kollegen oder Nachbarn können als antisuizidale Zeichen gewertet werden. Vorfreude auf bestimmte Ziele (Besuch, nächste Mahlzeit, Geschenk, Satz oder Geste eines Menschen, Wetter, Fernsehprogramm) und auch das Sprechen darüber, sichtbare Haltungen, Körperbewegungen, Gesten oder mimische Reaktionen des Suizidtrauernden, die zumindest in kurzen Momenten Zuversicht oder Freude ausdrücken, sind weitere Hinweise, die eine akute Suizidalität eher unwahrscheinlich machen. Aufmerksam sollte man werden, wenn Verzweiflung plötzlich in Ruhe und scheinbare Zufriedenheit umschlagen. Dies kann auf einen gefassten Entschluss, sein Leben zu beenden, hinweisen.

Bei Hinterbliebenen nach einer Selbsttötung kann sich aus unverrückbaren Überzeugungen und extrem belastenden Emotionen eine Tunnelhaltung entwickeln. Die eingeengte Wahrnehmung kann anhand immer wiederkehrender und Alternativen ausschließender Worte und Sätze identifiziert werden, die als Denkfehler bereits beschrieben wurden. Unmissverständliche Äußerungen Hinterbliebener, wie »Mir kann keiner mehr helfen« – »Ich will nur noch weg« – »Mich wird keiner vermissen« – »Bald bin ich wieder bei ihm«, sollten aufmerksam machen.

Für die Begleitung nach einer Selbsttötung ist es wichtig, derartige Veränderungen in der Trauer wahrzunehmen und Suizidalität von einem Nachsterbewunsch unterscheiden zu können, um angemessen zu reagieren.

Für Suizidtrauernde, die einen Nachsterbewunsch äußern oder sich mit suizidalen Gedanken beschäftigen, ist es wichtig, in der Haltung des Begleiters zu spüren: »Ich nehme dich so an, wie du bist« – »Du kannst dich mir anvertrauen« – »Ich habe keine Angst *vor* deinen Gedanken und Worten, aber ich habe Angst *um* dich.« Falsch wäre es, das Thema nicht anzusprechen im Sinne von »Schlafende Hunde soll man nicht wecken« oder »Bloß kein Salz in die Wunde streuen«. Da suizidale Gedanken eine immense Belastung für Betroffene darstellen, erlebt die Person durch ein offenes Gespräch Unterstützung und Entlastung.

Eine bestehende Suizidgefahr sicher zu beurteilen, ist schwierig. Umso wichtiger ist es, eigenen Impulsen zu folgen und diese offen zu äußern beziehungsweise den Trauernden mit Fragen so zu lenken, dass er sich öffnen kann, beispielsweise mit Sätzen wie:

»Welche Gedanken und Gefühle sind in Ihnen, wenn Sie an den Verstorbenen denken und an sich selbst?« – »Ich habe das Gefühl, dass Sie etwas belastet.« – »Bei mir entsteht das Gefühl, dass Sie sich mit Gedanken quälen, wie Sie Ihr Leben beenden können.« – »Wie stark ist der Wunsch, Ihrem Angehörigen zu folgen?« – »Wie groß schätzen Sie die Möglichkeit auf einer Skala von 1 (niedrig) bis 100 (hoch) ein, dass sich der aktuelle Schmerz verändern wird?« – »Was kann Sie aufhalten?«

Mit diesen oder ähnlichen Eingangsfragen können Begleiter anhand der Antworten nicht nur Suizidalität abklären, sondern sie entlasten die Person auch von eventuell bestehendem Leidensdruck. Die Antworten auf nachfolgende Konkretisierungsfragen lassen erkennen, wie konkret Absichten oder Pläne sind, wie fortgeschritten die Entwicklung ist und ob Maßnahmen zu ergreifen sind: »Wie sicher sind Sie auf einer Skala von 1 bis 100, sich das Leben zu nehmen?« – »Was würden oder wollen Sie konkret tun?« – »Haben Sie schon anderen Personen von Ihren Gedanken erzählt?« – »Drängen sich diese Gedanken auf, obwohl Sie es gar nicht wollen?« – »Können Sie sich von diesen Impulsen noch distanzieren?«

Mit nachfolgenden Abklärungsfragen kann die akute Gefahr abgeschätzt werden: »Welche Krisen in Ihrem Leben haben Sie schon gemeistert?« – »Wie haben Sie das damals geschafft?« – »Worauf sind Sie stolz in Ihrem Leben?« – »Was gibt es Schönes in Ihrem Leben?« – »Welche Menschen sind für Sie da, lieben Sie, besuchen Sie?« – »Worauf freuen Sie sich?« – »Welche Träume, Visionen haben Sie für die Zukunft?« – »Wer oder was kann Sie unterstützen, sich von diesen Gedanken zu befreien?« Begleiter müssen anhand der Antworten entscheiden, welche Schritte zu veranlassen sind: Angehörige informieren und ins Gespräch einbeziehen, Trauernde allein lassen oder bewachen, sie aus der Beratung oder Begleitung entlassen oder weitere Schritte zum Schutz des Lebens einleiten.

Bei der Abklärung akuter Suizidalität in der Trauer geht es um die Erörterung von Sinn, den Betroffene in ihrem Leben und in ihrem Tun sehen. Bei einem Nachsterbewunsch können neben dem Drang, dem Verstorbenen zu folgen, der Überlebenswille gespürt und die Verantwortung, beispielsweise Kindern gegenüber, wahrgenommen werden. Kleine Veränderungen in Richtung »Ich schaff das irgendwie und irgendwann« sind sichtbar.

Wenn Suizidgedanken geäußert werden, eine akute Gefahr aber ausgeschlossen werden kann, können mit Fokus auf Ressourcen der Trauernden Stärkung und Hoffnung aufgebaut werden durch den Hinweis, dass derartige Tendenzen in der Trauer vorübergehend möglich und behandelbar sind.

Wenn eine Selbstgefährdung nicht ausgeschlossen werden kann, sind nach dem Gesetz medizinische Fachkräfte wie Ärzte oder Heilpraktiker verpflichtet, umgehend zu reagieren. Es ist auch für Trauerbegleiter sinnvoll, jede Vermutung, die sich im Gespräch nicht ausreichend widerlegen lässt, mit Kollegen, Familienangehörigen, der Leitung oder anderen zu besprechen. Das entlastet Sie nicht nur, sondern kann auch Leben retten.

In einem akuten Notfall, also bei direkten und konkreten Äußerungen einer Suizidabsicht, kann unter der Rufnummer 112 oder 110 Unterstützung angefordert werden, damit in einer psychiatrischen Klinik die Suizidalität abgeklärt beziehungsweise abgewendet werden kann.

Bei Suizidalität in der Trauer ist die Unterstützung durch einen Trauerbegleiter nicht mehr ausreichend. In stationärer oder ambulanter Psychotherapie können suizidgefährdete Menschen aufgefangen und betreut werden. Meist ist auch eine medikamentöse Begleitbehandlung notwendig.

Begleitung von Kindern und Jugendlichen

Trauerreaktionen bei Kindern und Jugendlichen sind schwer einschätzbar, da die Trauer jegliche Form des Denkens, Fühlens und Handelns annehmen kann. Es ist für Hinterbliebene nicht einfach, Aggressionen, Aufsässigkeit und andere Veränderungen der Kinder auszuhalten, sie nicht zu verbieten oder auszureden. Angemessen, aber für trauernde Eltern sehr schwierig, ist es, ihrem Kind zu vermitteln: »Ich kann dich verstehen.« – »Lass das raus, was dich quält.« – »Ich versuche damit klarzukommen.«

Auch hier gilt, Ideen, Fragen oder Vorwürfe zuzulassen, damit sich Kinder und Jugendliche in ihrer Trauer ernst genommen fühlen. So kann in der Trauer Annäherung entstehen, wenn von Kindern nach einer Selbsttötung Ablehnung gefühlt wird. Fragen von Eltern in Bezug auf die Trauer ihrer Kinder nach einem Suizid in der Begleitung oder Beratung können sein: »Soll ich es meinem Kind sagen?« – »Was und wie viel soll ich ihm sagen?« – »Wann soll ich am besten mit ihm reden?«

Da jedes Kind so individuell ist wie jede Familie und jede Selbsttötung, gibt es keine pauschalen Antworten. Generell lässt sich sagen, das Kinder so viel Wahrheit wie möglich und so wenig Details wie nötig am besten vertragen. Das wichtigste in der Unterstützung von Kindern ist, dass sie in dem, was sie denken, fühlen, sagen, zeigen oder tun, ernst genommen werden und dass ihnen signalisiert wird, dass sie mit ihren Trauerreaktionen in Ordnung sind. Dass sie sich aber von Schuldideen, die Kinder als »Wahrheit« erleben, distanzieren können. Auch kindliche Ideen wie »Ich habe es ihm gewünscht und nun ist er tot« und die Überzeugung, dass es einen Zusammenhang gibt, sind anzutreffen. Es ist notwendig, ihnen immer wieder das Gefühl zu geben und es ihnen zu sagen, dass sie nicht schuld sind am Tod des Elternteils, von Schwester, Bruder, Oma, Opa.

Schuldphantasien beziehungsweise der Glaube, dass sie für den Tod verantwortlich sind oder ihn mitzuverantworten haben, sind aufgrund des Nicht-verstehen-Könnens des Geschehenen sehr häufig zu hören und können Kinder (auch langfristig) schwer belasten. Wut, Ärger oder Zorn auf den Verstorbenen sind ebenfalls anzutreffen. Besondere Angebote, wie spezielle Trauergruppen für Kinder bestimmter Altersgruppen, sind neben Freunden oder anderen wichtigen Vertrauenspersonen besonders hilfreich.

Jugendliche können sich nach einer Selbsttötung entweder verschließen oder sie können extrem aggressiv werden. Zwischen diesen beiden Polen können sie immer wieder hin und her schwanken. In der Pubertät ist es besonders wichtig, dass sie von den Eltern in ihrer Identität bestätigt, in ihrer Rolle bestärkt werden und in der Generationenreihe bleiben können. Denn Jugendliche (und Kinder) nehmen aus Loyalitätsgründen mitunter die Rolle des verstorbenen Elternteils ein, um Vater oder Mutter zu entlasten, was fatale Folgen für ihre psychische Entwicklung haben kann. Das Erkennen, »Ich muss oder ich kann Mama/Papa nicht entlasten« – »Ich bin ihnen keine Last«, ist für sie eine wichtige Erfahrung in der Trauer.

Wie sich in meiner Praxis zeigt, fällt es Kindern und Jugendlichen nach einer Selbsttötung besonders schwer, sich (fremden) Erwachsenen anzuvertrauen. Auch gemischte Gruppenangebote – Alter und Geschlecht betreffend – oder Beratungstermine zusammen mit einem Elternteil lehnen sie häufig ab. Die jüngsten Suizidtrauernden, die ich begleitet habe, waren 19 Jahre alt.

In der Regel sind es sich sorgende Mütter oder Großmütter, die Begleitung und Unterstützung für Heranwachsende suchen. Ihr Anliegen ist es häufig, Zugang zu ihren trauernden Kindern und Jugendlichen zu finden.

Das folgende Beispiel aus der Praxis zeigt, wie Eltern begleitet werden können bei der Frage »Wie erkläre ich es meinem Kind?«. Es wird eine Möglichkeit vorgestellt, wie durch einen bildhaften, erlebnisbezogenen Vergleich und einfühlsames Herangehen jüngere Kinder unterstützt werden können, das Geschehen zu verstehen und zu akzeptieren.

Katastrophe mit Max
(Fallbeispiel 10)

Frau G. kommt nach dem Suizid ihres Mannes in die Praxis, da sie Unterstützung in der Bearbeitung ihrer Gedanken und Gefühle wünscht und gern ihre sechsjährige Tochter entlasten möchte. In der dritten Sitzung erörtern wir gemeinsam die Möglichkeiten für ein Gespräch mit der Tochter. Aufgrund ihrer bisherigen Schilderungen kann ich mir ein Bild zur Familiensituation, vor dem Tod des Vaters und heute, zum Verstorbenen sowie zur Tochter machen. Ich erinnere mich daran, dass die Klientin von einer Situation erzählte, in der die Tochter als sehr stur und trotzig beschrieben wurde. Sie hatte mit vier Jahren ihr Plüschtier (Hase »Max«) verloren und es wurde nicht wiedergefunden.

Diese Erzählung von Frau G., die sie »Katastrophe mit Max« genannt hatte, greife ich auf. Ich schlage ihr folgendes Vorgehen vor: »Wie wäre es, wenn Sie die aktuelle Situation mit einem Erlebnis aus der Vergangenheit vergleichen? Ihre Tochter kann dann von sich auf ihren Vater schließen. Das hilft ihr, das Geschehene zu verstehen und vor allem sie zu entlasten. Beginnen Sie, Franziska zu erzählen, dass ihr Papa sehr verzweifelt war, genauso verzweifelt wie damals sie, als sie ihren Hasen ›Max‹ verloren hatte. Sie können zum Beispiel fragen, ›Kannst du dich erinnern, als Max weg war?‹, und dann sagen, ›Du wolltest einfach nicht aufhören zu weinen. Du wolltest auch keinen anderen Hasen. Du wolltest nur *deinen* Max wiederhaben.‹ Und Sie können fortfahren: ›Bei Papa war es jetzt auch so, aus irgendeinem Grund, den er uns nicht sagen konnte, war er sehr verzweifelt. Er glaubte, er könne einfach keine andere Lösung finden. Er wollte nur *seinen* Weg gehen. Papa war so entschlossen, wie du damals, als du den neuen Hasen, den wir dir gekauft hatten, aus dem Bett geworfen hast. Es war *deine* Entscheidung. Du wolltest keinen neuen Hasen. Du wolltest *deinen* Max wiederhaben. Aber der war nun einmal weg.‹«

Ich fahre fort: »Versuchen Sie alles in einem sehr ruhigen Ton zu erzählen und die Worte *sein* und *dein* besonders zu betonen, damit Franziska den Vergleich verstehen kann. Dann können Sie sagen: ›Und jetzt war es allein Papas Entscheidung, uns zu verlassen. Er wollte unbedingt *seinen* Weg gehen und nicht *unseren*. So wie du damals entschieden hast: Diesen neuen Hasen will ich nicht. Die Entscheidung von Papa – da kannst du ganz sicher sein – hat überhaupt nichts damit zu tun, dass Papa dich oder mich nicht mehr lieb hatte. Das hatte er auf jeden Fall.‹ Sie können Franziska dann fragen: ›Oder hattest du uns damals auf einmal nicht mehr lieb, nur weil du Max verloren hattest?‹«

Ich empfehle Frau G., mit ihrer Tochter zusammen einen Trichter zu basteln. Am Flipchart zeige ich ihr den Text zum Tunnelblick und führe die Übung einmal mit ihr durch. Für Kinder ist es oft ausreichend, mit dem Trichter vor dem Gesicht ihr Zimmer zu erkunden und zu erkennen, wie eingeschränkt ihre Wahrnehmung ist. Ich schlage der Klientin vor: »Vielleicht stellen Sie sich links oder rechts vom Trichter auf, so dass Franziska Sie nicht sehen kann. Dann kann sie verstehen, weshalb ihr Papa Sie und Franziska nicht mehr sehen und nur noch geradeaus auf *seinen* Weg blicken konnte.«

Weiter biete ich Frau G. an: »Abschließend können Sie Ihrer Tochter beispielsweise sagen: ›Für Papa war es eine Erlösung, eine Erleichterung, diesen Schritt zu gehen, auch wenn wir das nicht verstehen können. Wenn er gekonnt hätte, wäre er gern bei uns geblieben. Aber er glaubte ganz fest daran, dass das nicht gehen würde.‹«

Außerdem empfehle ich ihr, wenn Freunde, Nachbarn oder Kollegen zu Besuch kommen, dass sie darauf achtet, dass Franziska nicht mit neuen Informationen zum Tod ihres Vaters konfrontiert wird. Kinder haben sensible Antennen und wenn Franziska neue Details hört, die die Mutter anderen anvertraut, könnte sie das Gefühl entwickeln und glauben, »*mir* hat Mama das nicht gesagt. *Ich* bin nicht so wichtig.« Das würde ihrem Selbstwertgefühl schaden und könnte ihr Vertrauen erschüttern.

Danach empfehle ich Frau G. ein Buch, das sie gemeinsam mit ihrer Tochter ansehen oder aus dem sie ihr vorlesen kann. In dem 24-seitigen Buch »Da spricht man nicht drüber« von Mechthild Hüsch, Ulrich Roth und Heinrich Hüsch (2009) wird in einer kindgerechten Art die Geschichte erzählt, wie Jakob den Suizid seines Vaters erlebt.

Ich beende das Thema mit dem Hinweis: »Bieten Sie Franziska immer nur so viel an, wie sie wissen will. Laden Sie ihr nichts auf, womit sie überfordert wäre, auch wenn es Sie selbst entlasten würde.«

Für den Trauerprozess der Klientin war die Möglichkeit, mit ihrer Tochter über den Tod des Vaters zu reden, sehr wertvoll. Das Gespräch hat Tochter und Mutter entlastet.

Trauerbegleiter und Berater

Das Wertvollste, was der Mensch besitzt, ist sein Leben. Dies zu erhalten beziehungsweise zu verlängern, ist Grundlage allen Strebens. Die Wertschätzung eigener grundlegender Bedürfnisse kann Trauerbegleiter davor schützen, sich bei der anspruchsvollen Aufgabe, Menschen beim Sterben, bei Suizidalität und in der Trauer (nach Suizid) beizustehen, nicht zu überfordern.

Berater und Begleiter versuchen mit der ihnen zur Verfügung stehenden Energie, trauernde Menschen freundlich, aufmerksam, einfühlsam, stark, wertschätzend, neutral, menschlich, verständnisvoll und zuverlässig (die Liste lässt sich noch um einige Begriffe erweitern) zu unterstützen. Diese Wertschätzung sollten sie auch sich selbst zukommen lassen.

Nicht nur nach einem Suizid oder bei Anzeichen von Suizidalität können Trauerbegleiter von dem, was Betroffene schildern, oder durch den Schmerz Hinterbliebener über das Zusammentreffen hinaus berührt und bewegt sein, so dass sie Gedanken daran länger begleiten. Begleitung kann nicht nur betroffen, traurig oder hilflos machen, sie kann auch zu psychischer Überforderung führen.

Deshalb sollten Trauerbegleiter nicht von einem Termin nahtlos in den nächsten Termin oder in den Alltag übergehen. Wichtig sind immer wieder eigene Momente, die sie sich schenken. Sie bringen die Energie, die zuvor einem anderen Menschen geschenkt wurde, zurück. All das, was an Interventionen zur Regulierung emotionaler Anspannung, zum Abwenden von Grübeln, zum Aktivieren von Ressourcen oder zum Unterstützen alternativer Handlungsweisen, um ungesunde Denk- und Verhaltensmuster zu durchbrechen, vorgestellt wurde, kann auch zur eigenen Psychohygiene eingesetzt werden.

Es ist wichtig, Pausen einzulegen, nach jedem Kontakt kurz innezuhalten, so oft wie möglich in der Gegenwart zu leben, sich nicht in der Vergangenheit oder Zukunft zu verlieren und sich in der freien Zeit mit Familie, Freunden und Hobby nicht zusätzlich zu stressen. Sich bewegen, gesund ernähren, ausreichend trinken und schlafen sind Grundbedürfnisse, denen manchmal ungenügend Beachtung geschenkt wird mit der Rechtfertigung »Ich habe jetzt keine Zeit!«. Der treffende Satz »Die einzige Zeit, die wir haben, ist die, die wir uns nehmen« zeigt, was vor Überforderung schützen kann.

Sollten die Themen Suizid, Trauer und Suizidalität in der Trauer Sie angesprochen haben, so dass Sie mehr darüber wissen möchten, suchen Sie Möglichkeiten, sich mit Betroffenen auszutauschen, die sich mit der Selbsttötung eines Angehörigen intensiv auseinandergesetzt haben. Einem Begleiter das zu vermitteln, was eine Selbsttötung für den weiteren Lebensweg Hinterbliebener bedeutet, gelingt nirgendwo anschaulicher als in einem persönlichen Gespräch, in einem Seminar oder einer Fortbildung mit Hinterbliebenen, die mit ihren Gedanken und Emotionen, ihrer Mimik und Gestik das zeigen, was der Suizid eines nahen Menschen für sie und ihr Leben bedeutet.

Literatur

Asberg, M., Träskman, L., Thorén, P. (1976). 5-HIAA in the cerebrospinal fluid. A biochemical suicide predictor? Archives of General Psychiatry, 33 (10), 1193–1197.
Bauer, J. (2006). Warum ich fühle was Du fühlst – Intuitive Kommunikation und das Geheimnis der Spiegelneurone. München: Heyne.
Bronisch, T. (2007). Der Suizid: Ursachen, Warnsignale, Prävention. München: C. H. Beck.
Dorrmann, W. (2012). Suizid. Therapeutische Interventionen bei Selbsttötungsabsichten, Leben Lernen. Stuttgart: Klett-Cotta.
Hüsch M., Roth, U., Hüsch, H. (2009). Da spricht man nicht drüber: Wie Jakob den Suizid seines Vaters erlebt. Aachen: Hüsch & Hüsch.
Hüther, G., Krens, I. (2008). Das Geheimnis der ersten neun Monate – Unsere frühesten Prägungen. Weinheim u. Basel: Beltz.
Kachler, R. (2012). Meine Trauer wird Dich finden: Ein neuer Ansatz in der Trauerarbeit. Freiburg: Kreuz Verlag.
Käsler, H., Nikodem, B. (1996). Bitte hört, was ich nicht sage. Signale von Kindern und Jugendlichen verstehen, die nicht mehr leben wollen. München: Kösel.
Kast, V. (1982). Trauern. Phasen und Chancen des psychischen Prozesses. Stuttgart: Kreuz.
Kühner, A. (2005). Hoffen wir das Beste. Neukirchen-Vluyn: Neukirchener Aussaat.
Lieb, K., Frauenknecht, S., Brunnhuber, S. (2008). Intensivkurs Psychiatrie und Psychotherapie. München: Urban & Fischer.
Meixner-Wülker, E. (2008). Wege aus der Dunkelheit. AGUS. Norderstedt: Books on Demand.
Möller, H. J. (Hrsg.) (2006). Therapie psychischer Erkrankungen. Stuttgart: Thieme.
Otzelberger, M. (2002). Suizid: Das Trauma der Hinterbliebenen. München: dtv.
Paul, C. (Hrsg.) (2001). Neue Wege in der Trauer- und Sterbebegleitung. Gütersloh: Gütersloher Verlagshaus.
Paul, C. (2010). Schuld – Macht – Sinn: Arbeitsbuch für die Begleitung von Schuldfragen im Trauerprozess. Gütersloh: Gütersloher Verlagshaus.
Pauls, C. E., Sanneck, U., Wiese, A. (2007). Rituale in der Trauer. Hamburg: Ellert & Richter.
Rechenberg-Winter, P., Fischinger, E. (2008). Kursbuch systemische Trauerbegleitung. Göttingen: Vandenhoeck & Ruprecht.

Watzlawick, P. et al. (2003). Menschliche Kommunikation. Göttingen: Hogrefe.
Watzlawick, P. (2005). Wie wirklich ist die Wirklichkeit? Wahn, Täuschung, Verstehen. München: Piper.
Wolfersdorf, M. (2011). Depressionen verstehen und bewältigen. Berlin u. Heidelberg: Springer.
Wolfersdorf, M., Etzersdorfer, E. (2011). Suizid und Suizidprävention. Stuttgart: Kohlhammer.
Wolfersdorf, M. (2013). Skript zur Vorlesung Einführung in die Psychiatrie. Universität Bayreuth. Zugriff am 24.11.2013 unter http://www.strafrechtl.uni-bayreuth.de/de/teaching/SS_2013/04_Einf__hrung_Psychiatrie/Einfuehrung-in-die-Psychiatrie-SS-2013-Suizidalitaet-_2_.pdf

Abbildungsnachweis

Abb. 1, 4, 5, 6, 7, 8, 9, 10 © Marion Schenk
Abb. 2 © Marion Schenk, frei nach W. Pöldinger, in Anlehnung an Abb. 14–3, S. 398, in: Lieb et al., Intensivkurs Psychiatrie und Psychotherapie, Urban & Fischer, 2008
Abb. 3 © H. J. Möller. In: Suizidalität erkennen und behandeln, publiziert in MMW-Fortschritte der Medizin 40, 2002, S. II, VI und VII/www.klinikum.uni-muenchen.de/Klinik-und-Poliklinik-fuer-Psychiatrie-und-Psychotherapie/download/inhalt/aktuelles/0240_i.pdf

Edition Leidfaden

Monika Müller
Trauergruppen leiten
Betroffenen Halt und Struktur geben
2014. 124 Seiten, kartoniert
ISBN 978-3-525-40237-5
eBook: ISBN 978-3-647-40237-6

Trauernde Menschen haben vielfach keine Unterstützung in ihrem Umfeld. Aus Unwissenheit und Scheu vor den großen Gefühlen wehren Familienangehörige, Kollegen, Nachbarn und Freunde Klagen und andere Leidäußerungen ab. Der Rückhalt in einer Gruppe ist deshalb für die Hinterbliebenen, erst recht als ganz allein Zurückgebliebene, von großer Bedeutung. In einer Trauergruppe erfahren sie, dass sie nicht allein sind, dass sie richtig fühlen, dass sich Trauer verändert und leichter werden kann. Das Buch bietet eine konkrete Abfolge von Trauergruppen-Terminen an, die Gruppenleiter/-innen nutzen und variieren können. Arbeitsmaterial und Kopiervorlagen sind als Download verfügbar.

Matthias Schnegg
Erwärmen in der Trauer
Psychodramatische Methoden in der Begleitung
2014. 138 Seiten, mit 17 Abb., kartoniert
ISBN 978-3-525-40232-0
eBook: ISBN 978-3-647-40232-1

Gerade in Krisensituationen, und dies trifft insbesondere auf die Trauer zu, ist es wichtig, neue Perspektiven eröffnen zu können. Beispiele aus der therapeutischen und seelsorgerlichen Praxis zeigen die Möglichkeiten psychodramatischer Methoden in der Trauerbegleitung. Durch das »Erwärmen« kann die oft erstarrte und lebenskältende Trauer wieder zugängig gemacht werden. Das Buch macht Mut zur Anwendung. Ein Glossar aus der Fachsprache des Psychodramas erleichtert den Einstieg in diese wieder ins Leben lockende Begleitform.

www.v-r.de

Edition Leidfaden

Willy Peter Müller
Trauer in Träumen
Traumbilder können helfen und heilen
2014. 126 Seiten, kartoniert
ISBN 978-3-525-40236-8
eBook: ISBN 978-3-647-40236-9

Der beste Zugang zum Unbewussten ist der Traum. Träume können Auskunft geben zu Fragen in einer Trauersituation. Träume können die Wahrheit zeigen und sogar Lösungsvorschläge enthalten. Damit sind sie für die Trauerarbeit sehr förderlich. Das Buch richtet sich an Trauerbegleiter, die die Träume ihrer Klienten als wichtige Botschaft verstehen wollen. Neben Erläuterungen über das Wesen des Trauerns und die Theorie des Träumens werden sieben goldene Regeln für die praktische Traumdeutung vorgestellt. Sehr nützlich ist auch das kleine Lexikon der Traumsymbole zum Themenfeld Trauer, Verlust, Beziehung.

Eduard Zwierlein
Denken kann trösten
Trauer verständnisvoll begleiten
2014. 132 Seiten, mit 2 farb. Abb., kartoniert
ISBN 978-3-525-40235-1
eBook: ISBN 978-3-647-40235-2

Es gibt Zeiten, da sind wir ganz untröstlich. Trauer erfasst den ganzen Menschen und so wird auch sein Denken traurig. In der Weisheitsliteratur der Menschheit finden sich viele gute, wegweisende und heilende Gedanken für Trauernde wie auch für Menschen, die ihnen in der Trauer beistehen. Ist das Denken – in allem Schweigen und Hören, Sagen und Fragen – gutes Denken, so kann es Trauernden Trost und Lebenshilfe sein. Es kann helfen, einen Weg zu öffnen, der mehr zu sich selbst und wieder zu lebendigem Leben führt.

www.v-r.de

Edition Leidfaden

Traugott Roser
Sexualität in Zeiten der Trauer
Wenn die Sehnsucht bleibt
2014. 128 Seiten, kartoniert
ISBN 978-3-525-40233-7

Nach dem Ende einer tiefen Liebesbeziehung, sei es durch Tod, aufgrund von Scheidung oder Trennung, gehen Menschen unterschiedliche Wege, um mit der Trauer und dem Verlust der körperlichen Nähe zurechtzukommen. Manche suchen recht bald einen neuen Partner, andere verlieren scheinbar völlig das Interesse an Intimität und zeigen keinen Wunsch nach einer neuen Beziehung. Erhöhtes Bedürfnis nach körperlicher Nähe kann Schuldgefühle wachsen lassen; Lustlosigkeit hingegen lässt oft nach der eigenen Normalität, Gesundheit, Genussfähigkeit fragen. Der Autor gibt Trauerbegleitern mehr Sicherheit in diesen oft heiklen Fragen.

Leidfaden. Fachmagazin für Krisen, Leid, Trauer

Die Zeitschrift möchte allen, die Menschen nach Verlusten und in Krisensituationen wie Sterben, Tod und Trauer therapeutisch, medizinisch oder seelsorgerlich begleiten, zur Seite stehen und sie mit fundierten Beiträgen bei ihrer Arbeit unterstützen.

ISSN 2192-1202
Erscheinungsweise: 4 Hefte jährlich mit einem Gesamtumfang von je ca. 90 Seiten, durchgehend farbig.
Der Bezug umfasst neben der gedruckten Ausgabe den Zugang zur Online-Version der Zeitschrift.

Mehr Informationen zur Zeitschrift erhalten Sie auf unserer Homepage:
www.v-r.de/leidfaden

www.v-r.de

Trauerbegleitung

Sylvia Brathuhn / Thorsten Adelt / Heiner Melching (Hg.)
Suizid: Aus-Weg-Los!?
Leidfaden 2014 Heft 4.
Ca. 90 Seiten, mit zahlr. farb. Abb., kartoniert
ISBN 978-3-525-80608-1
eBook: ISBN 978-3-647-80608-2

Denker, Philosophen wie auch Religiöse haben sich schon früh mit dem Phänomen der Selbsttötung oder des Freitods beschäftigt und dazu Positionen eingenommen, die von Ablehnung bis Akzeptanz reichen. Dieses »Leidfaden«-Heft befasst sich auch mit psychologischen Aspekten wie Suizidalität und Nachsterbewunsch. Auch ethische Fragen wie ärztlich assistierter Suizid werden angesprochen. Für Trauerbegleiter/-innen, Seelsorger wie auch für im palliativen und hospizlichen Bereich Tätige ist ein möglichst großes Hintergrundwissen sehr wichtig. Dazu trägt das Heft in vielfältiger Weise bei.

Monika Müller / Sylvia Brathuhn / Matthias Schnegg
Handbuch Trauerbegegnung und -begleitung
Theorie und Praxis in Hospizarbeit und Palliative Care
Unter Mitarbeit von T. Adelt, T. Breidbach, C. Fleck-Bohaumilitzky, F. Grützner, M. Kern, D. Klass, B. Papendell, D. Pfister, R. Rosner, M. Weber, S. Zwierlein-Rockenfeller.
2013. 292 Seiten, mit 3 Abb. und 1 Tab., kartoniert
ISBN 978-3-525-45188-5

»Als Grundlagenliteratur ist diese Neuerscheinung uneingeschränkt zu empfehlen sowohl für bereits in der Trauerbegegnung und -begleitung tätige Menschen, wie auch für solche, die sich auf eine solche Aufgabe vorbereiten (wollen) und nicht zuletzt für alle im hospizlichen und palliativen Bereich Tätige.«
Zeitschrift für Palliativmedizin (Norbert Mucksch)

Mehr unter www.v-r.de/trauer

www.v-r.de